自动驾驶汽车关键技术丛书

U0553024

自动驾驶车辆路面附着系数估测与智能控制技术

胡钜奇　高赫佳　张友民　孙长银　**著**

机械工业出版社

本书主要介绍融合路面附着系数（TRFC）估测方法的智能轨迹规划和跟踪控制策略，以提高自动驾驶车辆在不同路面附着条件下的安全性和可靠性。考虑双变道和单变道工况下的横向动态响应，本书首先建立了一个两阶段分层框架来高效地估测 TRFC：在第一阶段，创新性地设计了制动压力脉冲序列，以确定可靠估测 TRFC 所需的最小脉冲压力，同时尽量减小对车辆运动的干扰；在第二阶段，提出了一种受限无迹卡尔曼滤波算法，在提高估测精度同时实现快速收敛。针对路径规划问题，开发了一种集成了 TRFC 估测的轨迹规划方案。构建了 7 阶多项式函数确保急动度的连续性，并进一步设计了路面自适应加速度和速度自适应急动度约束，并将其集成到规划框架中，以提高乘员的舒适性和操纵性。在控制策略方面，通过综合考虑成本函数中的输出权重以及对输出大小的约束，提出了一种自适应的模型预测控制（MPC）跟踪方案，仅需要参考路径的横向位置信息，就可实现大范围速度和多种 TRFC 路面下变道路径的跟踪。另外，基于反步法，面向低速自动驾驶车辆，设计了一种有趣的自适应控制增益，同时解决了转向饱和以及调参耗时的问题。在遵守输入边界的前提下，提高了轨迹跟踪能力。

本书可供从事自动驾驶技术研发工作的科研人员和工程技术人员参考，也可作为高等学校自动化、车辆工程及相关专业教师、研究生和高年级本科生的教材或教学参考书。

图书在版编目（CIP）数据

自动驾驶车辆路面附着系数估测与智能控制技术／胡钰奇等著. -- 北京：机械工业出版社，2025. 2.
（自动驾驶汽车关键技术丛书）. -- ISBN 978 - 7 - 111 - 77322 - 1

Ⅰ. U463. 61

中国国家版本馆 CIP 数据核字第 20250353F7 号

机械工业出版社（北京市百万庄大街 22 号　邮政编码 100037）
策划编辑：孙　鹏　　　　责任编辑：孙　鹏　李崇康
责任校对：贾海霞　李　杉　　封面设计：鞠　杨
责任印制：张　博
北京建宏印刷有限公司印刷
2025 年 8 月第 1 版第 1 次印刷
169mm×239mm · 9.75 印张 · 157 千字
标准书号：ISBN 978 - 7 - 111 - 77322 - 1
定价：80. 00 元

电话服务　　　　　　　　　　网络服务
客服电话：010-88361066　　　机 工 官 网：www. cmpbook. com
　　　　　010-88379833　　　机 工 官 博：weibo. com/cmp1952
　　　　　010-68326294　　　金 书 网：www. golden-book. com
封底无防伪标均为盗版　　　　机工教育服务网：www. cmpedu. com

前　言

　　汽车产业规模大、先进技术集成度高、产业关联度强，是美国、中国、日本、德国等制造大国的重要支柱产业。自动驾驶作为一项颠覆性技术，其发展水平直接关系各国汽车产业的国际竞争力和全球产业分工格局，因此世界主要国家都高度重视自动驾驶的发展，不少传统汽车大国发布自动驾驶路线图和发展目标，在交通法规、监管政策等方面积极探索，推出一系列支持自动驾驶的产业政策，以重塑汽车产业竞争优势、保持和强化全球竞争地位。随着人工智能、物联网、5G 移动通信等新一代数字技术的发展与成熟，市场对自动驾驶的接受程度也在不断提高，具有辅助驾驶或自动驾驶功能的汽车销量快速增长，未来自动驾驶发展空间巨大，且会向全面无人驾驶的方向发展。

　　尽管当前随着人类在传感技术、信号处理、控制系统以及计算能力等方面取得大幅度的进步，自动驾驶技术快速发展、市场需求不断成熟，整个行业呈现繁荣发展的景象，但要全面实现自动驾驶技术落地仍然需要在制导、导航和控制三大方面实现重大突破。实现全面自动驾驶的关键在于：①实现驾驶环境及时感知；②更精准的车辆状态估计；③更快地规划出既舒适又安全的路径；④设计具有高鲁棒性的控制器。

　　本书作者团队长期从事自动驾驶技术研究，具有多平台、多领域的研究背景，积累了丰富的国内外科研与开发经验，具有涵盖多学科的理论基础和较强的解决问题能力。本书以团队近几年来最新研究工作为基础，详细整理与介绍了团队以增强自动驾驶系统安全性和可靠性为目标，对自动驾驶车辆路面附着系数（TRFC）的估计方法以及面向多路面环境的智能路径规划与跟踪控制方法的研究。本书旨在从自动驾驶实际应用角度出发，考虑路面环境 TRFC 的变化对行车路径与跟踪控制的影响，提出能够模拟人类驾驶员的具有前瞻性的自动驾驶解决方案。本书所取得的理论成果，对进一步实现全环境下的自动驾驶具有很强的现实指导意义。本书适合从事自动驾驶汽车环境（路面）感知、路径规划与控制方法研究的工程师或研究人员参考，也可供对移动机器人、无人系统（包括无人车、无人机、无人艇等）路径规划、控制感兴趣的高年级本科生和研究生学习。

　　除封面署名作者外，研究生刘栋梁、王采妮、刘文龙、李子岩、彭浩参与了图片整理、外语文献翻译和全文校对。加拿大康考迪亚大学的 Subhash Rakheja 教授在撰写过程中给予了耐心的指导，提出了许多宝贵建议，在此表示衷心感谢。

　　本书的研究工作得到国家自然科学基金项目"自适应不同路面的智能汽车主动避撞控制研究"（项目编号：62303011）的资助，是该项目前期的初步研究成果。本书的出版，受到"安徽省人工智能教材建设重点研究基地"的大力资助。

　　恳请读者对本书的内容和章节安排等提出宝贵意见，并对书中存在的错误及不当之处提出批评和修改建议，以便本书再版修订时参考。

作　者

常用符号表

符号	物理量名称	符号	物理量名称
α_f	前轮胎侧滑角	a_P^m	前车的最大减速度
α_i	轮胎侧滑角	a_x	车辆纵向加速度
α_r	后轮胎侧滑角	a_y	车辆横向加速度
δ_f	前轮胎转向角	a_{xmax}	车辆最大纵向加速度
$\dot{\psi}$	车辆偏航率	a_{ymax}	车辆最大横向加速度
$\hat{\mu}_f$	前轮胎的路面附着系数估计	C_d	空气阻力系数
$\hat{\mu}_r$	后轮胎的路面附着系数估计	C_{xi}	单个轮胎纵向刚度
$\hat{F}_{xi}$	单个轮胎纵向力估计	C_{xr}	后轮胎纵向刚度
$\hat{F}_{xr,l}$	大制动脉冲转矩下的后轮纵向力估计	C_{yf}	前轴侧偏刚度
$\hat{F}_{xr,s}$	小制动恒定转矩下的后轮纵向力估计	C_{yi}	单个轮胎侧偏刚度
$\hat{F}_{yf}$	前轴转弯轮胎横向力估计	C_{yr}	后轴侧偏刚度
$\hat{F}_{yr}$	后轴转弯轮胎横向力估计	d_0	主车与前车的初始纵向距离
$\hat{v}_x$	车辆纵向速度估计	d_0^*	车辆静止距离
$\hat{v}_y$	车辆横向速度估计	d_c	穿越车道线时主车与前车的纵向距离
κ_i	轮胎纵向滑移率	d_s	变道起点时主车与前车重心的纵向距离
$\kappa_{r,l}$	大制动脉冲转矩下的后轮纵向滑移率	d_{th}	d_s 的最小阈值
$\kappa_{r,s}$	小制动恒定转矩下的后轮纵向滑移率	f_r	滚动阻力系数
μ_i	单个轮胎的路面附着系数	F_{ri}	单个轮胎滚动阻力
μ_r	后轮的轮胎路面附着系数	F_{xf}	前轴纵向轮胎力
ω_i	车轮旋转角速度	F_{xi}	单个纵向轮胎力
ω_{rl}	左后轮角速度	F_{xr}	后轴纵向轮胎力
ω_{rr}	右后轮角速度	F_{yf}	前轴横向轮胎力
ψ	车辆偏航角	F_{yi}	单个横向轮胎力
ρ_i	制动力估计器的正增益	F_{yr}	后轴横向轮胎力
ρ_{air}	空气密度	F_{zf}	前轴法向轮胎力
$\tilde{t}_{slc}$	用于预测的变道持续时间	F_{zi}	单个法向轮胎力
A_f	车辆前部面积	F_{zr}	后轴正向轮胎力

（续）

符号	物理量名称	符号	物理量名称
g	重力加速度	l	车辆轮距
h_0	车辆时距	l_f	重心到前轴距离
H_c	控制时域	l_r	重心到后轴距离
h_c	车辆重心高度	l_v	车辆几何长度
H_p	预测时域	L_x	变道起点和终点纵向距离
I_z	车辆偏航惯性矩	m	车辆总质量
I_ω	单个车轮的惯性矩	n_{th}	归一化加速踏板位置
j_{ymax}	最大横向加加速度	p_p^*	触发防抱死制动系统（ABS）的阈值压力
k	时间步长序数	p_s	第二阶段制动压力脉冲幅度
K_{Bi}	单个车轮制动力增益	p_i	单个车轮液压油压力

目　录

第 1 章

概述

1.1 引言

自动驾驶汽车（AVs）是指其部分或全部操作行为由车载处理器控制的汽车[1]，由于自动驾驶汽车具有增强道路安全、提高交通效率、降低油耗和减少排放等多方面优势，因此吸引了大量研究开发工作[2-4]。特别是在过去二十年里，感知、计算和人工智能技术取得长足进步，进一步激发社会对可落地的AVs的期待和热情[4]。过去十年中，汽车行业在推出全自动驾驶汽车方面取得显著进展[5-7]。

AVs的运行一般分为三个阶段，通常用感知、规划和运动（SPA）三者的闭环来描述。三个相应的子系统，即制导、导航和控制（Guidance，Navigation and Control，GNC）系统，构成整个AVs系统的总体架构，如图1-1所示。下面对其进行简要介绍[8-11]。

制导子系统又称为路径规划子系统，负责根据交通规则、安全性、舒适性和车辆动力学，确定自动驾驶汽车从当前位置到指定位置的参考路径。AVs在道路上的路径规划方法一般分为全局路径规划和局部路径规划两类。全局路径规划可以称为路线规划，是根据环境信息（地图）和其他一些约束（如最短距离、最短旅行时间或其他预定义约束条件），定义两个地理位置之间的最佳路线或行程（通常由一系列路径点表示）。局部路径规划更具策略性，对具体的环境条件和驾驶场景做出更为精细的响应，从而决定车辆的行为。路径搜索、机动规划和轨迹规划通常组合在一起构成局部路径规划系统。在全局路径规划生成车辆应遵循的路径点后，同时考虑到车辆运动学和交通环境（包括静态和动态障碍物）的限制，局部路径规划致力于寻找车辆行驶的最佳轨迹。

导航子系统负责确定AVs的当前状态，包括位置、速度和航向。AVs的运行需要获得其相对于全局坐标系的瞬时位置和方向，以及一系列到达目的地前的位置。全球定位系统（GPS）或差分全球定位系统（DGPS）以及惯性导航系统（INS）已广泛应用于车辆定位，将来自环境感知模块的数据与车辆状态融合在一起，用于定位和跟踪静态/动态障碍物和车道[12,13]。此外，可用的全局地图包含车道几何信息、车道标记、停车标志、停车场、检查点，并提供全局环境信息。当 AVs 在未知环境中行驶时，应同时处理车辆定位和环境建图双重任务，这就是所谓的同步定位与建图（SLAM）[12,14]。

  控制子系统旨在生成必要的控制指令，以跟踪制导子系统生成的轨迹，同时确保车辆的稳定性。对于加速踏板、制动踏板和方向盘在内的底层执行器需要将输入的控制指令平滑化。车辆运动控制可大致分为纵向和横向控制。纵向控制与车辆间的距离和速度控制有关，以确保乘客的安全和舒适性，而横向控制则旨在最大限度地减少车道偏差。值得注意的是，车辆的纵向和横向动力学在横向和纵向控制中是耦合的，耦合程度取决于轮胎和车辆参数以及可获得的路面摩擦力。

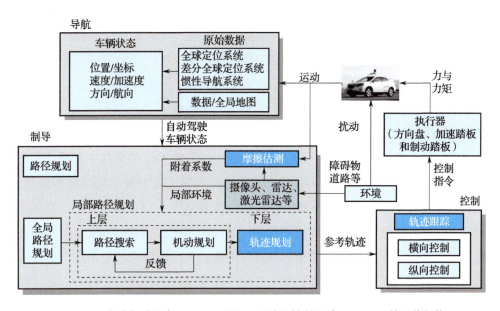

图 1-1 自动驾驶汽车（AVs）制导、导航和控制系统（GNC）的总体架构

  值得一提的是，由于环境相关因素的潜在变化，仅靠全局感知系统（导航子系统中的定位系统）还不足以使 AVs 到达目的地。因此，还需要通过实时感知来获取局部环境信息。该模块负责以多传感器方式感知环境，为自动驾驶汽车建立周围环境地图。通过对视觉、雷达、光探测和测距（LiDAR）传感器等各种传感器收集的原始数据进行处理，可获得有关周围环境特征（道路/物体的颜色、形状、边缘等）、交通对象（移动和静态障碍物/车辆、行人等）、交通

状况（交通密度、交通标志、交叉路口、车道标记等）信息。根据这些车载传感器构建局部动态驾驶环境[12]。

高度自主或完全自主汽车是集环境感知与建模、定位、地图构建，路径规划和决策以及运动控制于一体的可控智能体。尽管在传感技术、信号处理、控制系统设计和计算能力方面取得重大进展，但完全自主的车辆在结构化和非结构化环境中运行仍然是一个长期目标[14]。这种自动驾驶的发展反过来又要求集成更有效、更可靠的 GNC 技术。这些技术包括可靠的环境感知和风险评估方法、能够快速生成安全舒适路径/轨迹的算法、准确状态估计的有效方法和可精确跟踪参考路径的鲁棒控制器。此外，路面摩擦力的变化也增加了 GNC 系统的复杂性，因为车辆运动与路面摩擦力大小直接相关。由于车辆的运动与道路摩擦力直接相关，因此了解摩擦力的大小对于有效的路径规划和控制器设计至关重要。遗憾的是，由于实时估测路面摩擦十分复杂，现有的自动驾驶汽车 GNC 架构一般都忽略路面摩擦。除了这些问题之外，AVs 的广泛应用通常还涵盖与实施相关的一些问题，例如事故责任归属、法规建立、基础设施和安全[1,6,15]。

本书的研究重点是开发融合实际路面附着系数（Tire-Road Friction Coefficient，TRFC）估计的自动驾驶汽车轨迹规划和跟踪控制策略，从而提高车辆在不同路面附着系数条件下的运动性能，以实现 AVs 的全自主驾驶。本书首先提出高效的 TRFC 估计策略，以尽量减少识别过程中对车辆运动的干扰。随后开发典型变道机动场景下的自适应轨迹规划方案，以说明 TRFC 在轨迹规划算法中的重要性。利用模型预测控制（MPC）和已估测的 TRFC，为不同速度下的变道行为开发智能路径规划和跟踪框架。考虑到输入约束条件，最终为低速自动驾驶汽车设计一种基于反步法的自适应轨迹跟踪算法。最后，通过使用最新的 Quanser 自动驾驶汽车（QCar）测试平台进行试验，评估所提出的路径规划方法和控制方案的有效性。

1.2 研究现状

AVs 的制导、导航和控制（GNC）包含多项技术挑战，涉及轨迹规划、车辆定位、车辆状态与参数估计以及有效轨迹跟踪的控制器。尽管 TRFC 的实时估测是一项新的挑战，但是它不仅能大大简化路径规划和跟踪控制任务，还能提高车辆性能，从而实现 AVs 的全自动驾驶。本书对现有 TRFC 估测、路径规划和轨迹跟踪方法的研究进行全面回顾，建立对现有方法的基本认知，并制定本书的研究范围。本章简要讨论各方面的研究成果，第 2 章至第 6 章将对相关研究进行更全面的阐述。

1.2.1　TRFC: 意义与实时估测

轮胎作为自动驾驶汽车的一个组成部分，是车辆与地面的唯一接触点。自动驾驶车辆在道路上的运动主要由轮胎在轮胎 – 地面接触面上产生的力决定，而这些力又主要由 TRFC 决定[16]:

$$\mu_i = \max \frac{\sqrt{F_{xi}^2 + F_{yi}^2}}{F_{zi}} \tag{1-1}$$

式中，F_{xi}、F_{yi} 和 F_{zi} 分别是车辆轮胎 $i(i=1, \cdots, n)$ 产生的纵向力、横向力和法向力；μ_i 是路面附着系数，反映轮胎可提供的最大摩擦力。虽然对 TRFC 的估测有助于设计有效的车辆控制和安全系统[17]，但在当前的 GNC 架构中，TRFC 的作用大多被忽视，这可能是由于实时估测 TRFC 难度大和道路上 TRFC 的巨大差异造成的。先进的控制系统，包括自适应巡航控制（ACC）、防抱死制动系统（ABS）、牵引力控制系统（TCS）以及碰撞预警或碰撞避免系统，如若获得精准 TRFC 信息后，都能实现性能的显著提高[17-20]。例如，通过最大限度地利用所获得的 TRFC，可以更有效地设计防抱死制动系统，而不是一味地提供更好的车辆减速、操纵性能和制动时的稳定性控制[21]。此外，TRFC 的变化直接关系到车辆的状态极限（如最大纵向或横向加速度、安全前提下的前进速度）[11]。因此，在路径规划阶段就考虑 TRFC 对于设计自适应控制策略实现更智能、更安全的自动驾驶性能至关重要，这样才能最大限度地利用路面附着系数。

近几十年来，考虑到不同的车辆运行环境以及车辆的纵向或横向动力学，人们在获得可靠的 TRFC 在线估测方面做出了巨大努力（例如文献[16, 22-24]）。TRFC 的直接测量相当复杂，传感器成本高昂。因此，人们希望通过车辆可测量的状态来间接估测 TRFC。

现有的 TRFC 估测方法可分为定性和定量方法。虽然这两种方法的共同目标都是估测 TRFC，但其结果却各不相同。定性方法通常提供附着力大小的指标，并使用光学仪器、录音设备和三轴加速度计等传感器，粗略地根据路面状况对路面进行分类[25-27]。除了缺乏 TRFC 的准确定量信息外，这些方法总是忽略包括轮胎类型、轮胎充气压力和磨损状况等许多重要的设计和运行因素的影响[17,28]。此外，测量传感器对摩擦力的测量准度会受到灰尘、振动和噪声等外部干扰的严重影响。一些研究侧重于轮胎滑移率的识别，将轮胎滑移率与纵向轮胎力联系起来，来识别轮胎与路面附着力的峰值[29-31]。然而，轮胎力 - 滑移率的线性关系仅在低滑移区域有效。此外，当路面摩擦系数发生变化时，仅基于滑移率估测的路面附着力的值并不可靠。

定量方法一般根据轮胎的响应（如滑移率和侧滑角）来估测 TRFC。少数研究使用嵌入轮胎的先进传感器来识别 TRFC。这些传感器包括无线压电传感器[32]、六自由度惯性传感器[33]和车轮载荷传感器[34]。这些方法除了成本高、可靠性未经证实外，还可能涉及复杂的信号处理。另外，大量研究集中于设计算法，通过测量或预测车辆状态间接估测 TRFC。尽管这些方法可能涉及相对较高的轮胎受力，但这种定量方法可以更准确地估测 TRFC。不同地方在于，与定性方法相比，大多数定量方法可能会在驾驶过程中引起明显干扰。这些方法一般分两个阶段获得 TRFC 估测值。第一阶段根据可测量或已知的车辆纵向和（或）横向动态响应估测未知的车辆状态和轮胎力（或力矩）。随后，根据所考虑场景下车辆机动特点选定轮胎模型，将这些估测变量纳入参数识别过程，来获取 TRFC 的估测值[35,36]。Hu 等人[37]首先采用分层线性二次调节器（LQR）控制方法获得轮胎力。分别考虑纵向和横向轮胎力，使用同样的估计器估测出纵向和横向 TRFC。最后，将两方向的 TRFC 信息进行数据融合来减少最终估测误差。Wang 等人[24]提出一种顺序轮胎侧偏刚度和 TRFC 估测方法，该研究采用基于车轮旋转动力学简化的鲁棒观测器，来获取轮胎纵向力，基于轮胎横向力估测出 TRFC。值得一提的是，该方法尽量减少了估测过程对期望车辆运动和轨迹的干扰。Ahn 等人[17]提出一种基于轮胎侧向力和回正力矩的自适应非线性观测器，用于同时估测轮胎侧滑角和 TRFC，仿真和试验结果都证明该方法的有效性。Shao 等人[38]通过对前轴侧向力和回正力矩的综合估测来确定 TRFC，同时保证稳定性和鲁棒性。

考虑到路面附着力变化缓慢，可将 TRFC 视为隐藏在轮胎模型中的系统参数或状态量[17,39]。功能强大的卡尔曼滤波器（KF）技术及其非线性扩展，如扩展卡尔曼滤波器（EKF）和无迹卡尔曼滤波器（UKF），已被广泛应用于车辆状态的有效估计[35,40]。虽然已知轮胎产生的力是滑移率、侧滑角和法向载荷的强非线性函数，但通过将非线性轮胎模型线性化，也可利用线性系统参数识别方法来估测 TRFC。Zhao 等人[21]提出一种通过触发 ABS 的具有鲁棒性的 TRFC 估测方法，即通过 KF 观测各个纵向轮胎力和车轴侧向力，然后使用递归最小二乘法（RLS）估测 TRFC。Choi 等人[41]以类似方式观测轮胎力，并使用带有自适应多重遗忘因子的 RLS 技术估测 TRFC 和轮胎刚度。Qi 等人[42]使用两个 EKF 和一个新型轮胎模型获得最大摩擦系数以及轮胎纵向和横向滑移率的估计值。Zong 等人[39]采用双扩展卡尔曼滤波器（DEKF）和三自由度（DOF）车辆模型来估测车辆状态（偏航率、侧滑角和滚动率）和 TRFC。基于无迹变换理论的 UKF 也被用于 TRFC 估测。在文献[23]中，两个基于 UKF 的估算器进行互相通信，共同对车辆状态和 TRFC 进行估测。接着，考虑到不同的激励水平，进一步设计了综合道路摩擦估测器来提高估测精度。Chen 等人[43]将 TRFC 作为非线性轮胎模型中的一个状态量，采用 UKF 从纵向和横向动力学分别估测 TRFC。随后使用均方误差（MSE）最小化技术融合估计信息，以确保更高的 TRFC 估测精度。

上述绝大多数研究都表明，要准确估测 TRFC，需要相对较高的纵向滑移率或侧滑角扰动幅度。因此，之前的研究都采用会导致高制动/减速幅度[22,44]或横向加速度[39,45]的措施。有少数研究甚至考虑正弦波转向输入或急剧的双车道变化（DLC）和回旋型机动，以实现更高的车辆横向加速度[41,46]。这些操作会对车辆运动造成相当大的干扰，在日常实际驾驶情况下是不现实的，也是不舒适的，甚至是不安全的。因此，我们希望在更实际的驾驶环境或适当的激励条件下获得 TRFC 的估测值，同时尽量减少对车辆运动的干扰。

1.2.2　自动驾驶汽车轨迹规划

轨迹规划也称轨迹生成，是自动驾驶的一个重要模块和关键因素[47]。该模块主要负责生成满足安全要求和运动模型或状态约束的轨迹，同时确保乘员的舒适性。由于人们对自动驾驶的兴趣与日俱增，针对自动驾驶汽车的轨迹规划算法也有了长足的发展。现有的轨迹规划算法根据所使用的方法不同可分为三大类，即基于搜索的方法、曲线插值方法和最优化方法。由于车载传感器的探测范围和处理器的内存有限，现有的基于搜索的方法一般采用增量方法。这些方法指的是搜索算法，其中的搜索的具体设置或状态没有事先完全指定。快速搜索随机树（RRT）和线性规划器（LP）是增量方法中的两种主要技术[10]。在过去的二十年中，通过对树空间的快速探索，已经为自动驾驶车辆实现RRTs[48]及其变体算法（包括闭环 RRT[49] 和 RRT*[50]）。虽然 RRT 系列专为处理车辆非全局约束（包括动力学）和高自由度（DOF）而设计，但其主要缺点在于路径不稳定性和繁杂的计算[10,48]。相比之下，LP 所需算力相对较低，通常被认为适用于动态环境。一些研究表明，使用 LP 技术无法有效地执行避让类型的行为[10,51-53]。与增量方法相关的另一个问题是，由于规划范围相对较大，因此需要碰撞检查功能来确保安全[10]。考虑到高度受限的驾驶场景，特别是高速公路上的自主变道操作，轨迹规划的复杂性会大大降低。基于搜索的方法可能不适合在高速环境中使用，因为在时间紧迫的情况下，这些方法可能是非常低效的[54]。

曲线插值方法通常通过选择一条几何曲线来解决轨迹规划问题，以确保目标路径平滑。五次多项式首次在文献[55]中提出，用于实现平行车道之间的连续曲率过渡。所提出的函数只需要知道初始点和终点的状态就可以规划轨迹，提出的多项式曲线还被用于描述高速变道行为下车辆重心（CG）所需的横向位置[56]。使用多项式螺旋线进行车辆轨迹规划，既能展示直观的轨迹参数，又能提高计算效率，可参考文献[52，57]。Kahya 和 Schmidt[58]综合考虑最大曲率和速度曲线，设计基于双基本路径的变道轨迹，该轨迹由一系列回旋曲线组成，虽然保证了不同路段之间的平滑过渡，但为确定回旋曲线而进行的菲涅尔积分计算具有相当高的计算要求。另一种方法是采用三次贝塞尔曲线作为路径规划器，以生成自动驾驶汽车在动态道路定向行为中的可行路径[59]。同样，单车道变换（SLC）行为的参考轨迹也是基于两条对称的贝塞尔曲线提出的[60]。需要注意的是，贝塞尔曲线的性能主要取决于控制点的位置和数量。一些研究还从所需的横向加速度曲线得出参考变道轨迹。Guo 等人[61]采用梯形加速度曲线来规划曲线道路上的变道轨迹。Feng 等人[62]通过将参考加速度假设为时间的三阶多项式函数，得出一条满足定义的加速度和加加速度约束条件的变道轨迹。在另一项研究中，提出一种由两个对称圆弧组成的最优变道轨迹，以实现计算效率和乘员舒适度之间的权衡[63]。在为并道、超车和变道等典型高速公路上的驾驶行为生成最优轨迹的同时，引入三次样条曲线提高计算效率[64]。

变道的理想轨迹也可使用最优化方法生成，该方法是在一组约束条件（如速度、加速度和加加速度、路面摩擦、变道时间、动能变化）下将性能指标最小化。最优化方法无一例外地利用曲线插值法进行轨迹规划。文献[65]中使用二次规划（QP）算法设计一个安全、舒适的变道轨迹。在动态交通情况下，进一步设计时变安全裕度以进行轨迹修正。Wei 等人[66]提出一种两阶段变道轨迹规划方法。首先使用五次多项式函数生成一系列候选路径。随后，考虑到加速度、加加速度和变道时间的约束条件，通过非线性优化模型获得具有指定速度曲线的最佳轨迹。Bai 等人[67]认识到与单车传感器相比，车对车通信（V2VC）在获得准确路径和环境信息方面存在的优势，使用五次多项式曲线建立加速变道轨迹。该研究采用考虑减速协调、加加速度和变道时间的综合代价函数。Luo 等人[68]提出一种基于 V2VC 的考虑潜在碰撞情况的自动变道规划器，在考虑不同安全距离的情况下，提出并解决约束优化问题。一些研究还采用 MPC 方法在存在约束条件和非线性系统的情况下进行轨迹规划[10,11]。Cesari 等人[69]考虑到环境、安全和乘员舒适度的不确定性，使用基于场景的 MPC 规划变道轨迹。考虑到变道行为主要是一个纵向规划问题，Nilsson 等人[70]将变道轨迹规划问题转换为弱耦合的纵向和横向 MPC 问题，可以用低复杂度二次规划有效求解。文献[71]采用统一的 MPC 局部轨迹规划和控制框架，为沿着预定路径行驶的自动驾驶汽车生成三次螺旋线表示的最佳无碰撞路径。虽然考虑到约束条件和系统非线性因素，最优化方法可以为自动驾驶汽车提供有效的路径规划，但优化问题的求解通常会带来很高的计算负担，尤其是在存在非线性车辆动力学、时变状态和输入约束条件的情况下。

虽然车辆运动和安全的约束与 TRFC 直接相关，但现有的路径规划策略要么忽略时变的 TRFC 影响，要么假定道路摩擦条件不变。根据 TRFC 的具体情况进行轨迹规划，可确保自动驾驶汽车在不同路况下具有更强的鲁棒性。除了在现有的研究中已经建立与乘员舒适度和连续曲率相关的目标之外，在轨迹规划中考虑路面附着系数的限制，可以进一步确保所生成轨迹的物理可行性和可靠的安全裕度。估测 TRFC 还可以简化轨迹跟踪控制器的设计，有助于实现 AVs 的驾驶风格更加人性化、个性化直至智能化。

1.2.3　自动驾驶汽车轨迹跟踪

自动驾驶汽车的驾驶任务需要跟踪控制系统，用于跟踪参考轨迹或已规划好的轨迹。轨迹跟踪控制模块的主要目的是最大限度地减少实际轨迹和参考轨迹之间的位置偏差和方向偏差，并在保持车辆稳定性的同时平滑运动[72]。作为驾驶辅助技术的一部分，过去二十年中出现多种跟踪控制算法。Amer 等人[73]设计两个含反馈的比例 - 积分 - 微分（PID）控制器，用于装甲车辆的转向控制，利用车辆的 7 - DOF 方向动态模型跟踪预定轨迹。另外，基于 LQR 的优化控制算法已被广泛用于车辆路径跟踪，通过调节横摆力矩和修正转向角来进行轨迹跟踪。针对不同的动态条件，使用粒子群优化（PSO）对 LQR 控制器的参数进行优化[74]。文献[75]基于混合遗传算法/线性矩阵不等式方法，设计鲁棒 H∞ 静态输出反馈控制器，无须进行横向速度测量便可用于路径跟随。该研究除考虑外部干扰外，还考虑车辆参数和车辆状态的不确定性。

Elbanhawi 等人[76]将滚动优化策略与纯跟踪控制相结合，提高高速行驶时的路径跟踪性能。但是，在转向角饱和、控制信号受限和交叉轨迹误差等情况下的性能还需要进一步提升。基于运动学和动力学模型，在存在侧滑角情况下，采用反步法控制算法设计一种全速范围路径跟踪鲁棒控制系统[77]。Wilson 和 Robinett[78]为移动机器人开发一种鲁棒自适应反步控制系统，来补偿地面摩擦力变化引起的外部干扰。他们同时考虑运动学和动力学效应，并将控制输入限制在最大值范围内。Setlur 等人[79]设计一种基于 Lyapunov 的控制器，考虑转向系统、车辆底盘和轮胎 - 路面动力学，确保地面车辆的全局一致最终有界跟踪。然而，不足的是该控制器的设计是基于无约束的控制输入。Hiraoka 等人[80]应用滑模控制（SMC）理论为四轮转向车辆设计自动路径跟踪控制器，其优点是解耦前后轮转向。Hajjaji 等人[81]提出利用非线性动态模型来设计路径跟踪的稳定模糊控制器，Lyapunov 结合线性矩阵不等式的方法分析非线性系统的稳定性。Gu 和 Hu[82]提出一种神经预测控制方法来实现车辆的路径跟踪，该方法采用神经网络对车辆的非线性运动学进行建模。Kapania 等人[83]将二次优化迭代学习控制器应用于自主赛车，以实现高动态轨迹的多圈路径跟踪。Cheein 等人[84]引入一种代数阻尼控制器，在各种模拟和现场试验中，其性能优于纯追随和混合控制器[85]。然而，在固定速度下进行横向控制时，控制器会出现振荡。

各种路径跟踪控制方法中，MPC 技术被认为对于解决自动驾驶汽车的轨迹跟踪控制问题很有帮助，因为它可以系统地结合各种约束。MPC 方法对性能指标进行最小优化，同时满足关于一系列控制输入的各种操作约束，通过将优化输入序列的第一个元素应用于车辆系统来跟踪给定的轨迹[11,86]。现有的研究大多集中在两种常见思路上。一些研究认识到自动驾驶汽车的路径规划和跟踪控制之间存在很强的耦合性，因此提出带有路径规划器的集成控制模块的设计。例如，Jalalmaab 等人[87]研究一种道路自适应 MPC 策略，在避开障碍物的同时跟踪车道中心线。虽然路径规划和跟踪是在一个线性 MPC 框架内实现的，但车辆模型仅限于一个运动学质点，以便实现实时性。Gao 等人[86]使用四轮汽车模型和魔术公式（MF）轮胎模型开发一种非线性 MPC，考虑轮胎受力饱和以及车辆非线性因素。试验结果表明，随着车速的增加，计算时间也迅速增加。因此，当车速超过 40km/h 时，所提出的控制器设计将面临实时性的挑战。

由于集成路径规划和跟踪控制的复杂优化过程需要大量计算，其他一些研究于是采用分层结构分别解决路径规划和跟踪问题。作为 PRORETA 项目的一部分，Bauer 等人[88]利用基于势场的轨迹规划器计算车辆最佳轨迹，然后将其输入控制层，以实现关键交通场景下的防碰撞。在文献[89]中，考虑到道路边界条件和车辆运动学模型，用基于三维势场方法生成自动驾驶汽车的无碰撞路径。随后，通过多约束 MPC 框架获得跟踪生成路径的转向角指令。同样，Shim 等人[90]设计一种碰撞避免系统，该系统基于六阶多项式确定一条无碰撞轨迹，前轮转向和单个车轮转矩由 MPC 控制，以跟踪参考路径。由于车辆模型的非线性，现有 MPC 的研究通常采用计算效率高的线性化技术（如文献[91]）。除对计算能力的要求较高外，众所周知，MPC 的性能还受到代价函数的结构以及输出和输入的权重的影响，不过此类问题的研究报道相对较少。

一些使用分层结构进行跟踪控制的研究虽然将 TRFC 作为输入和（或）状态约束引入轨迹跟踪模块（例如文献[86, 89, 91]），但考虑到实际驾驶环境下路面附着系数变化范围大，这些控制器设计方法可能仍旧无法达到最佳性能。此外，跟踪控制器性能与参考轨迹的质量或平滑度也密切相关。在规划过程中考虑 TRFC 可以极大提高参考轨迹的质量，从而提高跟踪控制器性能。基于 TRFC 的轨迹还可以简化底层跟踪控制器的设计，提高计算效率，这对于自动驾驶汽车来说是至关重要的。

1.3 本章小结

通过对现有研究的回顾，可以明显看出，自动驾驶汽车的 GNC 模块的开发缺乏对路面附着系数潜在变化的充分考虑，而路面附着系数直接关系到车辆运动和控制器的性能极限。因此，本书研究的主要目标是通过与 TRFC 的估计结合，开发具有实际应用价值的轨迹规划和跟踪策略，以提高自动驾驶车辆在不同道路摩擦条件下的性能。同时，TRFC 估测过程只需常见车载传感器设备，并对车辆运动的干扰最小。本书研究的具体目标概述如下：

1）利用车载传感器、EKF 和 UKF 技术，开发一种计算效率高且鲁棒性好的分层 TRFC 估计框架，同时确保估计精度。

2）为 TRFC 估计模块设计短时制动压力脉冲形式的激励，以减少对车辆运动的干扰。

3）开发含约束的无迹卡尔曼滤波器（CUKF）框架，以实现快速收敛并提高 TRFC 估计精度。

4）设计 TRFC 自适应的加速度约束和速度自适应的加加速度约束，以实现高质量的轨迹规划，并应用于 AVs，同时确保乘员的舒适性。

5）开发一种适用于大范围 TRFC 和速度变化的轨迹规划方案，并且计算效率高且灵活。

6）利用模型预测控制（MPC）和估计的 TRFC 开发路径规划和跟踪框架，并评估其在不同前进速度下的路径变化机动性能。

7）在考虑输入约束条件的同时，为低速自动驾驶汽车开发基于反步法的自适应轨迹跟踪控制策略，并通过使用按比例缩小的 QCar 平台进行试验验证。

1.4 本书布局

本书共分为 7 章，针对上述研究目标，包括引言和文献综述一章（第 1 章）。第 2 章和第 3 章分别介绍基于车辆横向和纵向动力学的 TRFC 估计方法。第 4 章介绍变道行为的高效轨迹规划方案，该方案除考虑车辆安全和乘员舒适度外，还考虑大范围不同车速和路面附着系数。第 5 章展示一种基于 MPC 的自适应轨迹跟踪方法，该方法可利用 TRFC 和车速进行典型的变道操作。第 6 章介绍一种自适应轨迹跟踪控制框架，该框架通过使用反步法技术，将自适应控制增益与转向饱和度的考虑整合在一起，并利用 QCar 自动驾驶平台进行试验验证。第 7 章总结本书研究的主要贡献和结论，并对未来研究提出建议。本书主要章节的内容概述如下：

第 2 章提出一种基于车辆横向动力学的两阶段估计框架，用于实时估测车辆的 TRFC。该估计框架采用一种新的级联结构，由一个 EKF 和两个 UKF 组成，以减轻计算负担。在第一阶段，利用 EKF 估计车辆的横向速度，从而估算出前后轮胎的侧滑角。在第二阶段，依次制定两个 UKF 子框架，以观测前轴和后轴轮胎的受力情况，随后识别它们各自的 TRFC，并将其视为两个未知状态。本章中所需的所有测量信号均可通过传统的车载传感器实现。设计典型的 DLC 和 SLC 运动场景，并在考虑高、中、低摩擦路况的情况下对开发的算法进行验证。仿真结果表明，即使在单换道（SLC）情况下，所提出的方法也能准确、快速地估计出中、低摩擦路况的 TRFC，但要准确估计出高摩擦路况的 TRFC，还需要双换道（DLC）。

第 3 章介绍基于纵向车辆动力学的 TRFC 估计。提出一种限制车辆运动干扰的两阶段 TRFC 估计方案。第一阶段设计制动压力脉冲序列，以确定所需的最小脉冲压力，从而在对车辆运动干扰最小的情况下可靠地估计 TRFC。仅在这一阶段也可对 TRFC 进行定性估计。在第二阶段，根据测量信号直接计算轮胎法向力和滑移率，然后开发基于车轮旋转动力学的改进的力观测器，用于估计轮胎制动力。随后提出一种 CUKF 算法来识别 TRFC，以实现快速收敛并提高估计精度。考虑到车辆在高、中、低摩擦路面行驶，并在不同速度下对所提出方法进行有效性评估。仿真结果表明，所提出的两阶段方法可以准确估计道路摩擦力及 TRFC，同时对车速的影响相对较小。

第 4 章考虑操纵安全性和乘员的舒适感，为自动驾驶车辆提出一种高速公路变道轨迹规划方案。构建一个 7 阶多项式函数，以确保规划轨迹具有连续的曲率导数（加加速度）。设计路面摩擦自适应的加速度约束和速度自适应的加加速度约束条件，以实现智能轨迹规划，提高乘员的舒适度和接受度。结果表明，在前行速度不变的情况下，所提出的规划算法只需识别变道持续时间就能获取换道轨迹。为验证所提方案在车速和路面附着系数变化较大的驾驶场景下的有效性，我们进行了大量模拟仿真试验。通过对全车模型进行路径跟踪分析，进一步证明所规划的变道轨迹的可跟踪性。最后，基于 Quanser 最新的 QCar 进行试验测试，以验证所提轨迹规划方案的实际效果。结果表明，提出的方案可以生成安全、舒适的变道轨迹，而且 AVs 可以很好地跟踪这些轨迹。

第 5 章讨论基于 MPC 的路径规划和跟踪框架的开发，并考虑估计得到的 TRFC。横向位置规划路径是根据主车与障碍车辆之间的安全距离生成的，而安全距离与 TRFC 和车辆速度有关。进一步设计一种新的 MPC 结构，只需横向位置即可跟踪规划好的路径。此外，确定针对各种车速的输出自适应权重。通过在高摩擦和低摩擦道路上进行联合模拟仿真，验证所提出的规划和跟踪框架的有效性。

第 6 章为低速自动驾驶汽车提出一种自适应轨迹跟踪控制方案，该方案在控制增益的调参方面花费较少的精力。设计一种将自适应控制增益与转向饱和与反步法技术相结合的方法，以确保输入指令在输入限制内。此外，在横向偏离参考轨迹时，这种自适应控制增益的设计还能够提高跟踪误差的收敛速度。进一步理论证明，即使在转向饱和的影响下，所提出的控制器也能使闭环系统在零误差时近似全局渐近稳定。通过比较仿真和试验测试，验证了所提控制方案在不违反输入约束条件的情况下进行精确跟踪的有效性。

第 2 章

基于车辆横向动力学的 TRFC 估计

2.1 引言

　　道路车辆的方向控制和安全性与轮胎在地面上产生的力密切相关，给定轮胎法向载荷，这些力的上限主要由 TRFC 决定[16]。对 TRFC 的预先预测有助于设计有效的车辆控制和安全系统[17,92]。近几十年来，考虑各种不同的车辆运行条件，人们为在线可靠地估测 TRFC 做出了巨大的努力。目前的估测方法可分为三大类：基于纵向动力学的方法、基于横向动力学的方法和基于耦合动力学的方法。虽然耦合动力学方法能更精确地模拟真实车辆，但可能会使 TRFC 估测算法变得非常复杂。Choi 等人[41]采用线性化 RLS 技术，根据车辆对制动和转向组合输入的响应，实时估测 TRFC 和轮胎刚度。Qi 等人[42]提出了一种改进的 Dugoff 轮胎模型，并使用两个 EKF 估测轮胎的摩擦系数、纵向刚度和转弯刚度。当考虑到某些情况时（如匀速变道和在直线公路上行驶），仅利用横向或纵向动力学可以合理地简化车辆建模。通过车辆横向动态响应估测 TRFC 可能相对简单，因为它不需要大量的纵向运动和激励[24]。不过，根据转向输入的横向动态响应估测 TRFC 的研究相对较少。在 Yoon 等人的研究中[46]，利用基于 KF 的传感器融合框架组成的级联结构来同时估测车辆侧滑角和 TRFC。该研究采用了相对困难的 DLC 和回转转向输入。Chen 等人[45]提出了一种用于车辆侧滑角和路面摩擦力估测的新型在线梯度下降算法，但其有效性尚未得到真车试验的验证。Ahn 等人[17]提出了一种自适应状态和参数观测器，在假定轮胎纵向力可以忽略的情况下，利用对 0.25Hz 正弦转向输入的横向加速度和轮胎回转力矩响应来估测摩擦系数和轮胎侧滑角。Shao 等人[38]利用转向过程中前轴的总回转扭矩，设计了一种同时保证稳定性和鲁棒性的 TRFC 估测方法。Ren 等人[23]提出了一种基于三自由度车辆模型对快速变化的鱼钩转向机动响应的混合摩擦估测器，并根据激励水平选择轮胎侧向力或回转力矩来估计 TRFC。

　　上述研究表明，考虑到车辆的横向动力学，TRFC 是可以准确估测的。但这些方法的有效性是在相对较大的轮胎侧滑角下得到证实的。已有方法中考虑的不同转向输入（如连续正弦波、回转和鱼钩机动操作）下的 TRFC 估测在实际应用中可能并不实用。因此，能在典型转向操纵过程中（轮胎侧滑角处于合理水平下）有效地实时估测出 TRFC 才是实际应用的理想选择。出于实用性的考虑，在本章中，我们将重点讨论一种基于更实用的车辆机动下的 TRFC 估测方法。该方法考虑了对车辆更实用的 DLC 和 SLC 机动的横向动态响应，而不仅是已有研究中考虑的那些响应。

2.2　估计框架

图 2-1 展示了充分利用 EKF 和 UKF 技术进行 TRFC 识别的两阶段分层估计框架。在第一阶段，EKF 用于将测量状态量［如纵向和横向加速度(a_x, a_y)］与期望状态量［即纵向和横向速度(v_x, v_y)］之间的非线性关系线性化。估计的横向速度$(\hat{v}_y)$与测得的偏航率$(\dot{\psi})$和转向角(δ_f)共同得出前后轴轮胎的侧滑角(α_f, α_r)。随后使用基于 UKF 的估算器估算前后轮胎与路面之间产生的轮胎侧向力$(\hat{F}_{yf}, \hat{F}_{yr})$。在已知轮胎法向载荷$(F_{zf}, F_{zr})$的情况下，前后轮胎的路面摩擦（附着）系数$(\mu_f, \mu_r)$被视为系统的未知状态，然后使用轮胎模型进行估测。值得一提的是，轮胎路面附着系数也称轮胎路面摩擦系数，本书后文对二者不做特别区分。

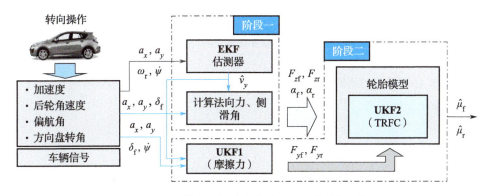

图 2-1　基于横向车辆动力学的 TRFC 估计框架框图

2.3 系统模型与估计算法

2.3.1 车辆模型

假定车辆在一条笔直平坦的道路上以恒定的速度向前行驶，风速、俯仰和翻滚运动均可忽略不计。简单的双轴 3 – DOF 偏航平面模型如图 2 – 2 所示，该模型用于描述车辆对转向输入的纵向、横向和偏航动态响应。简单模型的运动方程为

$$\begin{cases} m(\dot{v}_x - v_y\dot{\psi}) = F_{xf}\cos\delta_f - F_{yf}\sin\delta_f + F_{xr} - F_R \\ m(\dot{v}_y + v_x\dot{\psi}) = F_{yf}\cos\delta_f + F_{xf}\sin\delta_f + F_{yr} \\ I_z\ddot{\psi} = l_f(F_{xf}\sin\delta_f + F_{yf}\cos\delta_f) - l_r F_{yr} \end{cases} \quad (2-1)$$

式中，$F_R = f_r mg + 0.5\rho_{air}A_f C_d v_x^2$ 表示由轮胎滚动阻力和空气阻力产生的总阻力。此外，考虑到只有前轮驱动车辆，F_{xr} 被忽略。转向角 δ_f 取左右轮胎转向角的平均值。

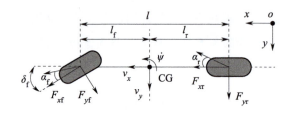

图 2 – 2　自行车车辆模型示意图

正如 Ahn 等人的研究[17]所示，前轮和后轮的侧滑角（α_f，α_r）可通过小角度近似法求得：

$$\begin{cases} \alpha_f = \dfrac{v_y + l_f\dot{\psi}}{v_x} - \delta_f \\ \alpha_r = \dfrac{v_y - l_r\dot{\psi}}{v_x} \end{cases} \quad (2-2)$$

考虑到车辆的加速度或减速度 a_x，作用在前后轴轮胎上的瞬时法向力

$(F_{zf},\ F_{zr})$ 计算公式为

$$\begin{cases} F_{zf} = \dfrac{mg\, l_r - ma_x h_c}{l} \\[3mm] F_{zr} = \dfrac{mgl_f + ma_x h_c}{l} \end{cases} \tag{2-3}$$

由式（2-2）和式（2-3）可知，瞬时轮胎侧滑角和法向力可通过已知测量值 a_x、δ_f、$\dot{\psi}$ 以及车辆纵向和横向速度 v_x、v_y 计算得出。

2.3.2　轮胎模型

Choi 等人[41]以及 Singh 和 Taheri[18]的研究指出，包括力饱和度在内的轮胎非线性转弯特性可以用刷子轮胎模型准确描述，该模型与路面摩擦系数直接相关，与魔术轮胎公式[93]相比，所需的参数要少得多。因此，本书研究采用了由一排弹性刷毛（可代表与路面接触的胎面元素）组成的刷毛轮胎模型。在没有纵向滑移的情况下，该模型将转弯力描述为法向载荷、路面摩擦力和轮胎侧滑角的非线性函数，即

$$F_{yi} = -\frac{C_{yi}\tan\alpha_i}{q}F \tag{2-4}$$

式中

$$q = \sqrt{C_{yi}^2 (\tan\alpha_i)^2}$$

$$F = \begin{cases} q - \dfrac{q^2}{3\,\mu_i F_{zi}} + \dfrac{q^3}{27\,\mu_i^2 F_{zi}^2}, & \text{if}\, q \leqslant 3\,\mu_i F_{zi} \\[3mm] \mu_i F_{zi}, & \text{if}\, q > 3\,\mu_i F_{zi} \end{cases}$$

式中，前轮胎和后轮胎分别归结为前轴轮胎和后轴轮胎，$i = f$，r 分别指前轴和后轴；C_{yi} 和 μ_i 分别指各自的车轴转弯刚度和摩擦系数。对于典型的轿车轮胎，当法向载荷较小时，转弯刚度随轮胎法向载荷逐渐增大，在某个法向载荷下达到最大值，然后随着法向载荷的进一步增大而减小[94]。由于车辆是在恒定的前进速度下行驶，因此可以忽略作用在前轴和后轴上的瞬时法向载荷的变化。因此，假设车桥转弯刚度为恒定值是合理的。虽然前后轴安装了相同类型的轮胎，

但由于瞬时法向载荷可能存在差异，车轴转弯刚度C_{yf}和C_{yr}可能会不同。图2-3显示了在转弯刚度为80kN/rad的情况下，随着轮胎侧滑角、法向载荷和TRFC的变化，通过刷子模型获得的轮胎转弯力特性的变化。这些事实清楚地表明，转弯力与TRFC和轮胎法向载荷密切相关。然而，当轮胎侧滑角很小时，对μ的依赖性并不明显。这表明，在轮胎侧滑角非常小的情况下，TRFC的估算可能会产生误差，这也可能是已有研究中使用相对较大或快速变化的转向输入的原因[24,41]。

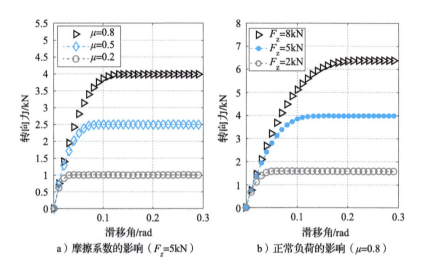

a）摩擦系数的影响（F_z=5kN）　　　　b）正常负荷的影响（μ=0.8）

图2-3　刷轮模型中的轮胎转向力-滑移角特性

2.3.3　转向操作

如图2-4a所示，参考轨迹是根据ISO 3888-1[95]中定义的严格DLC机动的路径坐标设计的。不过，如图2-4c所示，为了实现相对平稳的转向和相对较小的轮胎侧滑角，对标准化操纵进行了小幅修改（增加了分段长度）。稍作修改的分段长度是为了在高μ路面上产生TRFC估计所需的最小轮胎侧滑角。因此，在中摩擦和低摩擦路面条件下，通过跟踪该参考轨迹也可获得足够大的轮胎侧滑角，因为识别低摩擦需要较低的轮胎侧滑激励。如图2-4b所示，SLC操纵的坐标随后从DLC路径的坐标中提取。内部控制器据此确定车辆模型的转向输入。

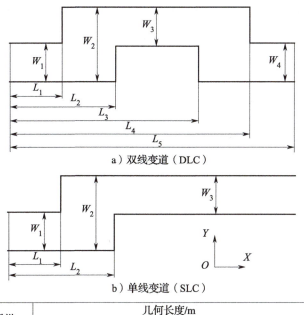

a）双线变道（DLC）

b）单线变道（SLC）

操纵	几何长度/m								
	W_1	W_2	W_3	W_4	L_1	L_2	L_3	L_4	L_5
标准的	1.1T+0.25	1.2T+3.75	1.2T+0.25	1.3T+0.25	15	45	70	95	125
更改的DLC	1.1T+0.25	1.2T+3.75	1.2T+0.25	1.3T+0.25	15	50	80	110	140
SLC	1.1T+0.25	1.2T+3.75	1.2T+0.25		15	50			

c）轨道规格

图 2-4　大地坐标系（OXY）中的路径坐标作为车辆宽度 T 的函数关系

2.3.4　车速估计

制订了一个两阶段 TRFC 估测方案，其中第一阶段使用 EKF 技术估测车辆横向速度。从式（2-2）可以看出，轮胎侧滑角与车辆的瞬时纵向和横向速度直接相关。假设侧滑角较小，则加速度与车辆速度导数之间的运动学关系可表示为

$$\begin{cases} a_x = \dot{v}_x - v_y \dot{\psi} \\ a_y = \dot{v}_y + v_x \dot{\psi} \end{cases} \tag{2-5}$$

根据上述关系，可以推导出如下离散状态空间系统：

$$\begin{cases} \boldsymbol{x}_k^{\mathrm{E}} = f^{\mathrm{E}}(\boldsymbol{x}_{k-1}^{\mathrm{E}}, \ \boldsymbol{u}_k^{\mathrm{E}}) + \boldsymbol{w}_k^{\mathrm{E}} \\ \boldsymbol{z}_k^{\mathrm{E}} = h^{\mathrm{E}}(\boldsymbol{x}_k^{\mathrm{E}}) + \boldsymbol{v}_k^{\mathrm{E}} \end{cases} \tag{2-6}$$

式中，k 是时间步长的指数；w_k^E 是协方差为 Q^E 的过程噪声；v_k^E 是测量噪声的协方差 R^E；x_k^E 和 z_k^E 分别为系统状态和测量矢量，u_k^E 为输入矢量，其定义为

$$\begin{cases} \boldsymbol{x}_k^E = \left[v_{x,k}, \ v_{y,k} \right]^T \\ \boldsymbol{z}_k^E = v_{x,k}^m \\ \boldsymbol{u}_k^E = \left[a_{x,k}, \ a_{y,k}, \ \dot{\psi}_k \right]^T \end{cases} \tag{2-7}$$

式中，$v_{x,k}^m$ 指后轮在地面的平均速度，可通过车轮角速度（ω_{rl}、ω_{rr}）获得。考虑到选择的是前轮驱动车辆，可以用这种方法近似计算车辆纵向速度。这是因为，当车辆以恒定的前进速度行驶在笔直平坦的道路上时，后轮的滑移比非常接近零。式（2-6）中的状态演化方程 $f^E(\cdot)$ 和观测函数 $h^E(\cdot)$ 表示为

$$f^E = \begin{bmatrix} f_1^E \\ f_2^E \end{bmatrix} = \begin{bmatrix} v_{x,k-1} + T_s \dot{\psi}_k v_{y,k-1} + T_s a_{x,k} \\ v_{y,k-1} - T_s \dot{\psi}_k v_{x,k-1} + T_s a_{y,k} \end{bmatrix} \tag{2-8}$$

$$h^E = v_{x,k} \tag{2-9}$$

如文献[96]所示，按照标准的 EKF 预测和更新方案，可以估算出车辆的横向速度。

备注 2.1 由于纵向速度是式（2-7）中系统状态（x_k^E）和测量矢量（z_k^E）中的一个元素，因此 EKF 可用作测量车轮角速度的滤波器。这样就可以减小测量噪声对轮胎侧滑角的影响。

2.3.5 轮胎力估计

在第二阶段，依次使用两个 UKF（UKF1 和 UKF2）进行轮胎力估计和 TRFC 识别（图 2-1）。为估测轮胎力，输入 $u_k^U = \delta_{f,k}$ 时的状态和测量向量定义为

$$\boldsymbol{x}_k^U = \left[v_{x,k}, \ \dot{\psi}_k, \ v_{y,k}, \ F_{xf,k}, \ F_{yf,k}, \ F_{yr,k} \right]^T \tag{2-10}$$

$$\boldsymbol{z}_k^U = \left[\hat{v}_{x,k}, \ \dot{\psi}_k, \ \hat{v}_{y,k}, \ a_{x,k}, \ a_{y,k} \right]^T \tag{2-11}$$

滤波后的车轮速度（$\hat{v}_x$，k）和由 EKF 估测器估算出的横向速度（$\hat{v}_y$，k）被视为力估算的已知测量值。选择了随机行走模型[97]来描述轴力的变化率。车辆的

运动控制方程 $(2-1)$ 和方程 $(2-5)$，以及式 $(2-10)$ 和式 $(2-11)$ 被用于通过整合过程噪声和测量噪声来建立离散时间状态空间系统模型，即

$$\begin{cases} \boldsymbol{x}_k^{\text{U}} = f^{\text{U}}(\boldsymbol{x}_{k-1}^{\text{U}}, \ \boldsymbol{u}_k^{\text{U}}) + \boldsymbol{w}_k^{\text{U}} \\ \boldsymbol{z}_k^{\text{U}} = h^{\text{U}}(\boldsymbol{x}_k^{\text{U}}) + \boldsymbol{v}_k^{\text{U}} \end{cases} \qquad (2-12)$$

式中，$\boldsymbol{w}_k^{\text{U}}$ 指过程噪声且协方差为 $\boldsymbol{Q}^{\text{U}}$；$\boldsymbol{v}_k^{\text{U}}$ 是测量噪声且协方差是 $\boldsymbol{R}^{\text{U}}$。进化函数向量 $f^{\text{U}}(\cdot)$ 的计算公式为

$$\begin{bmatrix} f_1^{\text{U}} \\ f_2^{\text{U}} \\ f_3^{\text{U}} \\ f_4^{\text{U}} \\ f_5^{\text{U}} \\ f_6^{\text{U}} \end{bmatrix} = \begin{bmatrix} v_{x,k-1} + T_s \dot{\psi}_{k-1} v_{y,k-1} + \dfrac{T_s}{m}(F_{xf,k-1}\cos\delta_{f,k} - F_{yf,k-1}\sin\delta_{f,k} - 0.5\,\rho_{\text{air}} C_{\text{d}} A\, v_{x,k-1}^2) \\ \dot{\psi}_{k-1} + T_s \dfrac{l_{\text{f}}}{I_z}[F_{xf,k-1}\sin\delta_{f,k} + F_{yf,k-1}\cos\delta_{f,k}] - T_s \dfrac{l_{\text{r}}}{I_z} F_{y,r,k-1} \\ v_{y,k-1} - T_s v_{x,k-1} \dot{\psi}_{k-1} + \dfrac{T_s}{m}(F_{xf,k-1}\sin\delta_{f,k} + F_{yf,k-1}\cos\delta_{f,k} + F_{yr,k-1}) \\ F_{xf,k-1} \\ F_{yf,k-1} \\ F_{yr,k-1} \end{bmatrix}$$

$$(2-13)$$

在上述公式中，假定运动阻力主要是气动阻力，而滚动阻力与气动阻力相比小得可以忽略不计。空气阻力是考虑恒定的气动阻力系数 C_{d}、挡风面积 A_{f} 和空气质量密度 ρ_{air} 的情况下获得的，假设风速可以忽略不计。

同样，式 $(2-12)$ 中的测量函数向量 $h^{\text{U}}(\cdot)$ 的计算公式为

$$\begin{bmatrix} h_1^{\text{U}} \\ h_2^{\text{U}} \\ h_3^{\text{U}} \\ h_4^{\text{U}} \\ h_5^{\text{U}} \end{bmatrix} = \begin{bmatrix} v_{x,k} \\ \dot{\psi}_k \\ v_{y,k} \\ \dfrac{1}{m}(F_{xf,k}\cos\delta_{f,k} - F_{yf,k}\sin\delta_{f,k} - 0.5\,\rho_{\text{air}} C_{\text{d}} A_{\text{f}} v_{x,k}^2) \\ \dfrac{1}{m}(F_{xf,k}\sin\delta_{f,k} + F_{yf,k}\cos\delta_{f,k} + F_{yr,k}) \end{bmatrix} \qquad (2-14)$$

UKF 算法参数 $(\alpha_u, \beta_u, \kappa_u)$ 与系统状态向量的维度 $(L=6)$ 共同决定了 σ 点的分布和相应的权重。一个 $2L+1$ 个 σ 向量的矩阵 $\boldsymbol{\varGamma}_{k|k}^i$ 的计算为

$$\boldsymbol{\Gamma}^i_{k-1\,|\,k-1} = \begin{cases} \hat{\boldsymbol{x}}^{\text{U}}_{k-1\,|\,k-1}, & i=0 \\ \hat{\boldsymbol{x}}^{\text{U}}_{k-1\,|\,k-1} + \tilde{\boldsymbol{x}}^{\text{U}}_{k-1\,|\,k-1}, & i=1,\cdots,2L \end{cases} \qquad (2-15)$$

式中

$$\hat{\boldsymbol{x}}^{\text{U}}_{k-1\,|\,k-1} = \begin{cases} \left(\sqrt{(L+\lambda)\boldsymbol{P}^{\text{U}}_{k-1\,|\,k-1}}\right)_i, & i=1,\cdots,L \\ -\left[\sqrt{(L+\lambda)\boldsymbol{P}^{\text{U}}_{k-1\,|\,k-1}}\right]_{i-L}, & i=L+1,\cdots,2L \end{cases} \qquad (2-16)$$

而 $\lambda = \alpha_u^2(L+\kappa_u) - L$ 是缩放参数，下标 $i(i=1,\cdots,2L)$ 表示 $(L+\lambda)\boldsymbol{P}^{\text{U}}_{k-1\,|\,k-1}$ 的平方根的列数。常数 α_u 决定了 $\boldsymbol{x}^{\text{U}}_k$ 平均值周围的 σ，通常设为 $10^{-4}\sim1$ 的小正值，而 κ_u 是二级缩放参数，通常设为 $0^{[98,99]}$。在本研究中，缩放参数选为 $\alpha_u=1$ 和 $\kappa_u=0$，这为整个轮胎侧滑范围内的轮胎力估算提供了令人满意的结果。$2L+1$ 个 σ 点的加权系数计算公式为

$$\begin{cases} W^0_s = \dfrac{\lambda}{L+\lambda} = 0 \\ W^0_c = 1 - \alpha_u^2 + \beta_u \\ W^i_s = W^i_c = \dfrac{1}{2L}, \quad i=1,\cdots,2L \end{cases} \qquad (2-17)$$

其中常数 β_u 允许使用 $\boldsymbol{x}^{\text{U}}_k$ 分布的先验知识，对于高斯分布，先验知识为 2，如 Wan 和 Van Der Merwe[99] 的研究中所建议的。有关 UKF 算法的更多详情，请参阅 Simon 撰写的参考书[96]448-450。

备注 2.2　在 UKF1 算法中，第一阶段 EKF 滤波后的车轮速度 $(\hat{v}_{x,k})$ 和估计的横向速度 $(\hat{v}_{y,k})$ 被视为测量值。轮胎力 $(F_{xf,k},\ F_{yf,k},\ F_{yr,k})$ 仍然是唯一需要估计的未知状态。因此，虽然系统状态维数 (L) 为 6，但轮胎力估算的总体计算需求降低了。

备注 2.3　由于在所选采样持续时间内，轮胎纵向力和转弯力不会发生突然变化，因此不需要在每个时间间隔内重新设置 σ 点，这也有助于提高计算效率。

2.3.6　TRFC 估计

两轴的轮胎侧向力 $(\hat{F}_{yf},\ \hat{F}_{yr})$，前后轴的轮胎侧滑角 $(\alpha_f,\ \alpha_r)$，以及前后轴的法向力 $(F_{zf},\ F_{zr})$ 的估算值在此阶段均已知。普通轿车轮胎的转弯刚度在很大

程度上受到法向载荷的影响。由于车辆是在一个恒定的前进速度下行驶，作用在前轴和后轴上的瞬时正常载荷的变化可以忽略。因此，可以假设C_{yf}和C_{yr}是两个已知的参数。根据纯侧滑刷毛轮胎模型（2–4），前后轮胎的 TRFC，即μ_f和μ_r，是唯一需要确定的两个参数。考虑到路面附着状况变化非常缓慢，TRFC 可被视为嵌入刷胎模型中的车辆状态[39]。

用$\boldsymbol{\tau}_k = [\mu_{f,k}, \mu_{r,k}]^T$表示两个状态，用 UKF1 估计的前后轴侧向力表示两个测量值，$\boldsymbol{z}_k^B = [\hat{F}_{yf,k}, \hat{F}_{yr,k}]^T$，纯侧滑有刷轮胎模型被描述为一个双状态、双测量的离散时间非线性系统：

$$\begin{cases} \boldsymbol{\tau}_k = \boldsymbol{\tau}_{k-1} + \boldsymbol{w}_k^B \\ \boldsymbol{z}_k^B = \boldsymbol{h}^B(\boldsymbol{\tau}_k) + \boldsymbol{v}_k^B \end{cases} \qquad (2-18)$$

式中，$\boldsymbol{w}_k^B$是协方差为$\boldsymbol{Q}^B$的过程噪声；$\boldsymbol{v}_k^B$是协方差为$\boldsymbol{R}^B$的测量噪声；观测函数$\boldsymbol{h}^B$表示为

$$\boldsymbol{h}^B = \begin{bmatrix} h_1^B \\ h_2^B \end{bmatrix} = \begin{bmatrix} F_{yf}(\alpha_{f,k}, F_{zf,k}, \hat{\mu}_{f,k-1}) \\ F_{yr}(\alpha_{r,k}, F_{zr,k}, \hat{\mu}_{r,k-1}) \end{bmatrix} \qquad (2-19)$$

式中，$F_{yi}(\cdot)$是由车轴（$i = f, r$）产生的侧向力，由刷子轮胎模型函数获得瞬时法向力$F_{zi,k}$和轮胎侧滑角$\alpha_{i,k}$，以及上一步 TRFC 估计的$\hat{\mu}_{i,k-1}$。随后，使用 UKF 算法识别前、后轮的 TRFC，该算法与用于估计轮胎力的 UKF1 相同，即$\hat{\mu}_{f,k}$和$\hat{\mu}_{i,k-1}$。虽然 UKF2 使用相同的α_u、β_u和κ_u值，但σ点在每个采样间隔期间都会更新以估测 TRFC。更新σ点可以使 TRFC 快速收敛，但对计算量的要求较高。由于只需要确定两个参数，因此，总体计算需求是可以接受的。如果 TRFC 的估测值$\hat{\mu}_{f,k}$和$\hat{\mu}_{i,k-1}$大于 1，则将其限制为 1，以避免在轮胎力和轮胎侧滑角极小时出现波动和意外估计误差。

2.4　仿真结果

在 MATLAB/Simulink 和 CarSim 软件平台上实现了所提出的摩擦估计算法，并对性能进行了评价。CarSim 车辆仿真模型的响应被视为参考或测量状态，用于评估所提算法的预测性能。不过，为了研究算法在存在测量噪声的情况下的

有效性，在 CarSim 模型输出中加入了高斯白噪声。表 2-1 列出了模拟中使用的车辆模型参数。

表 2-1　C 级两厢车参数

参数符号	参数名称	数值	单位
m_s	簧上质量	1274	kg
m_{us}	簧下质量	142	kg
R_e	轮胎半径	0.316	m
C_{yf}	前轴横向刚度	94	kN/rad
C_{yr}	后轴横向刚度	76	kN/rad
l_f	质心到前轴的距离	1.016	m
l_r	质心到后轴的距离	1.562	m
l	车辆轴距	2.578	m
T	车辆宽度	1.739	m
h_c	车辆质心高度	0.54	m
I_z	偏航惯性矩	1523	$kg \cdot m^2$
A_f	车辆前投影面积	1.6	m^2
C_d	空气动力学阻力系数	0.35	

EKF、UKF1 和 UKF2 的过程和测量协方差矩阵为：

$$\begin{cases} \boldsymbol{Q}^E = \mathrm{diag}([10^{-3}, \ 10^{-3}]) \\ \boldsymbol{R}^E = 10 \\ \boldsymbol{Q}^U = \mathrm{diag}([10^{-3}, \ 10^{-7}, \ 10^{-3}, \ 400, \ 850, \ 675]) \\ \boldsymbol{R}^U = \mathrm{diag}([2 \times 10^{-2}, \ 9.4 \times 10^{-5}, \ 2 \times 10^{-2}, \ 8.6 \times 10^{-5}, \ 6.5 \times 10^{-4}]) \end{cases}$$

$$(2-20)$$

以及：

$$\begin{cases} \boldsymbol{Q}^B = 5 \times \mathrm{diag}([10^{-6}, \ 10^{-6}]) \\ \boldsymbol{R}^B = 6 \times \mathrm{diag}([10^5, \ 10^5]) \end{cases}$$

$$(2-21)$$

式中，上标 E、U 和 B 分别指 EKF、UKF1 和 UKF2。

在系数分别为 0.8、0.4 和 0.2 （高 $-\mu$、中 $-\mu$ 和低 $-\mu$）的三种不同路面上进行了匀速前行 DLC 和 SLC 机动模拟。在进入 DLC 或 SLC 路径之前，允许车辆在 55m 长的直线路段上行驶（图 2-4）。在高 $-\mu$ 和中 $-\mu$ 路面条件下进行的机动，考虑匀速前进，且速度 $v_x = 100km/h$，而在低 $-\mu$ 路面条件下进行的机动是以较低的速度（40km/h）进行的。

2.4.1 DLC 机动时的 TRFC 估计

1. 高摩擦系数路面（$\mu = 0.8$）

图 2-5 显示了高 $-\mu$ 路面条件下测量的横向加速度 (a_y)、估算的横向速度 ($\hat{v}_y$)、侧向力 ($\hat{F}_{yf}$, $\hat{F}_{yr}$) 和计算的轮胎侧滑角 (α_f, α_r)。图 2-5 中还展示了侧向力 （图 2-5d） 和轮胎侧滑角 （图 2-5f） 的预测误差，以显示更清晰的估测结果。结果表明，对轮胎侧滑角和侧向力的估测是准确的，但在 $t = 2s$ 时，TRFC 的预测误差明显、这可能是由于车辆在穿越直线路段时轮胎侧滑角非常小。如图 2-5e 和 2-5f 所示，准确的横向速度估测 （图 2-5b） 可同样准确地预测轮胎侧滑角，尽管后轮的侧滑角误差大于前轮。

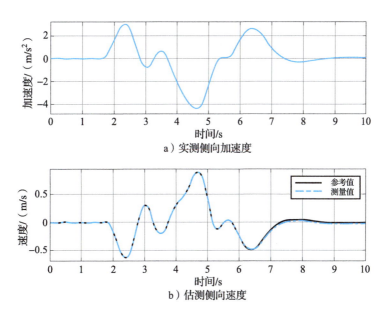

图 2-5　高摩擦路况下 DLC 仿真结果

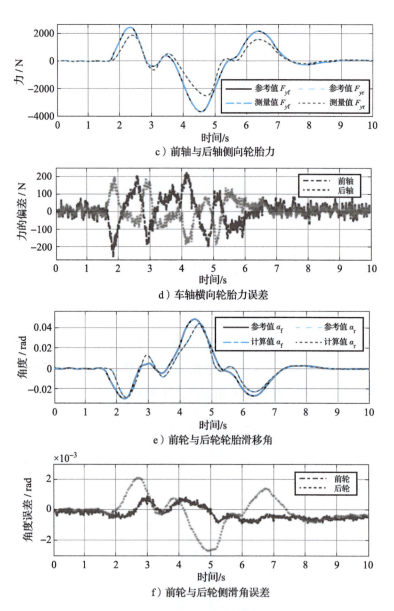

c）前轴与后轴侧向轮胎力

d）车轴横向轮胎力误差

e）前轮与后轮轮胎滑移角

f）前轮与后轮侧滑角误差

图 2-5　高摩擦路况下 DLC 仿真结果（续）

　　如图 2-5d 所示，侧向力的预测误差也很明显。峰值误差出现在 2~6s 区间，主要出现在低轮胎侧滑角响应附近。估测的 TRFC（$\hat{\mu}_f$ 和 $\hat{\mu}_r$）值在车辆进入弯道后迅速接近 0.65。在车辆进入弯道后，轮胎侧滑角会立即接近峰值，转向输入后才会反转。该区域的 TRFC 估测误差可能是由于轮胎侧滑角偏小造成的。当车辆开始第二次路径变化时，估测的 TRFC 值逐渐增加，并在 $t = 4.8s$ 附近收敛到约 0.78。在此之后，无论轮胎的侧滑角度如何，TRFC 估测值始终保持稳定，如图 2-6a 所示。进一步可以看出，$\hat{\mu}_f$ 略微领先于 $\hat{\mu}_r$，这与前轮接触领先于后轮接触的事实一致。TRFC 估测值的误差部分归因于侧向力估测误差和信号噪声，此外，还有来自有刷轮胎模型的转弯力估测的潜在误差。

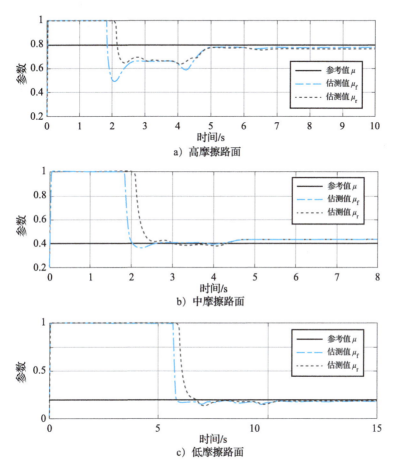

图 2-6　三种不同路面 DLC 机动下的 TRFC 估测

2. 中摩擦系数路面（μ=0.5）

图 2-7 显示了中 -μ 路况下的估测侧向速度（$\hat{v}_y$）和计算出的轮胎侧滑角，以及侧向力（$\hat{F}_{yf}$，$\hat{F}_{yr}$）和侧滑角的预测误差。图 2-7a 显示了从 CarSim 获得的带噪声的实测侧向加速度。与高 -μ 路况（图 2-5）相比，侧向速度、侧向力和侧滑角的估计精度相同（图 2-7b ~ f）。虽然侧向力估算值存在明显误差，

但当车辆进入 DLC 路径的初始弯道段时，TRFC 估算值在 $t=2s$ 附近迅速接近目标值 0.4（图 2-6b）。如图 2-5e 和图 2-7e 所示，虽然后轮侧滑角与高 $-\mu$ 路面条件下的侧滑角接近，但前轮侧滑角更大。在这种情况下 TRFC 预测更有效的部分原因是，与高 $-\mu$ 路面相比，中 $-\mu$ 路面的轮胎侧滑角足够大。需要注意的是，μ 越小，轮胎侧滑角就越小，这样才能有效识别该参数。基于 UKF 的力观测器能很好地跟踪每轴的实际轮胎力，这表明，UKF 技术在处理系统非线性问题时非常有效。然而，当侧向力较小时，误差相对较大，这也意味着轮胎侧滑角较小。如图 2-6b 所示，在其余机动过程中，TRFC 的估计值 $\hat{\mu}_f$ 和 $\hat{\mu}_r$ 在 0.39~0.42 的小范围内变化。

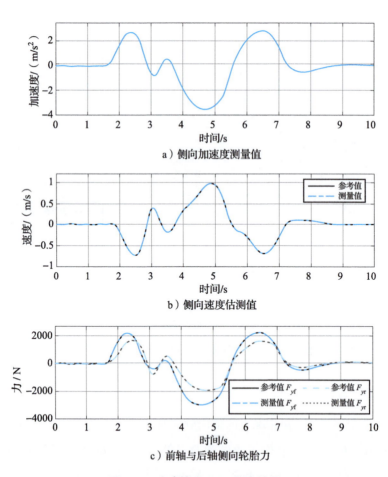

a）侧向加速度测量值

b）侧向速度估测值

c）前轴与后轴侧向轮胎力

图 2-7　中摩擦下 DLC 仿真结果

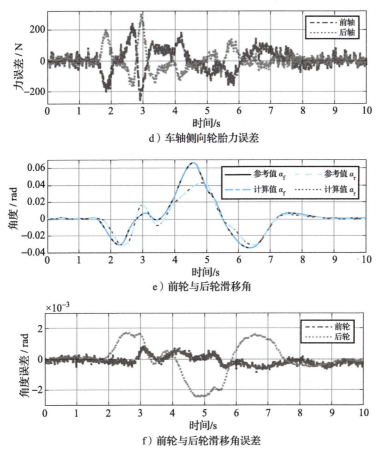

d）车轴侧向轮胎力误差

e）前轮与后轮滑移角

f）前轮与后轮滑移角误差

图 2-7　中摩擦下 DLC 仿真结果（续）

3. 低摩擦系数路面（ $\mu=0.2$ ）

低- μ 路况下速度 40km/h 的 DLC 机动仿真结果如图 2-8 所示。与高- μ 和中- μ 道路条件下获得的结果相比，低- μ 道路条件下的结果表现出相当大的振荡。这是由于轮胎与低摩擦路面的附着力相对较差。横向加速度响应中的高幅度振荡会导致横向速度和侧向力的估计误差较高，如图 2-8a ~ d 所示。然而，EKF 速度估计器在根据式（2-2）合理准确地估测轮胎侧滑角方面表现出令人满意的性能。如图 2-8e 和 2-8f 所示，估测的轮胎侧滑角接近参考值。然而，观察到的前后轴轮胎力（图 2-8c）与参考值相比有很大偏差。结果显示，在轮胎侧滑角为零附近的峰值力误差较大（图 2-8d），这可归因于车轮打滑时轮胎力的不确定性较高。然而，与在高- μ 和中- μ 路面条件下观察到的情况相比，车轮打滑会产生更大的轮胎侧滑角以满足侧向力需求（图 2-8e），这有助于更有效地预测 TRFC 值。如图 2-6c 所示，当车辆在 $t=6s$ 附近进入 DLC 轨道的弯曲路段时，估测 TRFC 值迅速接近参考值 0.2。此后的整个机动过程中，估计值在 $0.18 \sim 0.2$ 变化。产生的轮胎侧滑角幅度较大，这可能是 TRFC 估计值略微偏低的部分原因，因为在轮胎侧滑角较大时，刷式轮胎模型的建模误差会增大。

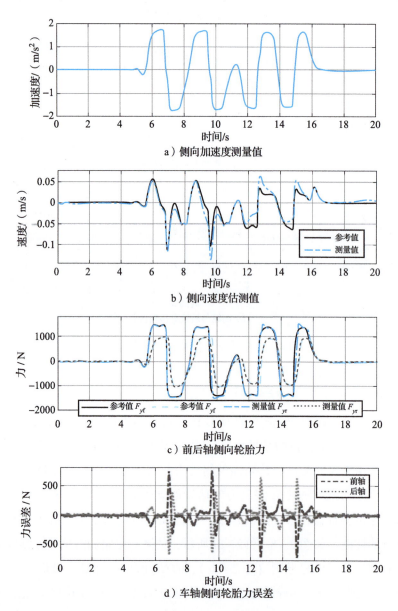

a）侧向加速度测量值

b）侧向速度估测值

c）前后轴侧向轮胎力

d）车轴侧向轮胎力误差

图 2-8　低摩擦下 DLC 机动仿真结果

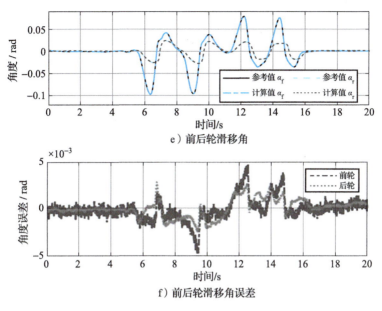

e）前后轮滑移角

f）前后轮滑移角误差

图 2-8　低摩擦下 DLC 机动仿真结果（续）

图 2-9a 比较了在三种不同路面上进行 DLC 机动时获得的车辆重心（CG）的实际轨迹。结果表明，尽管在低 $-\mu$ 路面条件下进行的 DLC 机动产生了较大的路径振荡，但在整个机动过程中，无论 TRFC 如何变化，车辆轨迹都保持在规定的范围内。结果表明，所提出的算法可以在 DLC 机动过程中根据车辆响应快速准确地估算出 TRFC 值，尤其是在中、低 $-\mu$ 路面条件下。然而，在高 $-\mu$ 路面条件下进行的估算显示出很大的误差和时间误差，这是由于第一次变道时轮胎侧滑角相对较小。

如图 2-5 ~ 图 2-8 所示，尽管车辆行驶的路径相同，但 DLC 机动过程中的横向加速度峰值随路面摩擦力的变化很大。在高 $-\mu$ 路况（$\mu=0.8$）下，横向加速度峰值为 $0.57\mu g$，而在中 μ 路况（$\mu=0.4$）和低 μ 路况（$\mu=0.2$）下，加速度峰值接近极限值（分别为 $0.90\mu g$ 和 $0.92\mu g$）。因此，设计的路径代表了在中、低 $-\mu$ 路面条件下相对剧烈的机动，这在实际应用中既不安全也不实用。不过，图 2-6b 和图 2-6c 显示的结果表明，在 DLC 轨道的最初曲线部分，可以实现 TRFC 的精确估测。这表明 TRFC 值可以有效地从 SLC 机动的横向响应中估算出来，而 SLC 被认为是更简单、更实用的实时 TRFC 估测机动。值得注意的是，第一次变道对应的横向加速度峰值远小于第二次变道时遇到的峰值，尤其是在

高 $-\mu$ 和中 $-\mu$ 路况下。因此，考虑到对 SLC 机动的横向响应，所提算法的有效性得到了进一步验证。

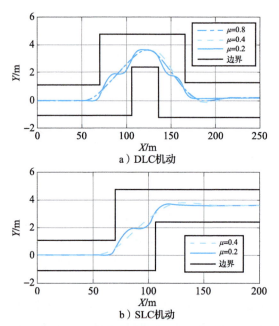

a）DLC机动

b）SLC机动

图 2-9　车辆在不同路况下的重心轨迹

2.4.2　SLC 机动时的 TRFC 估计

如图 2-6a 所示，在高 $-\mu$ 路况下，TRFC 在第二次变道（$t=4.8s$）之前无法准确估测。本节中的 SLC 结果和讨论仅局限于中、低 $-\mu$ 路况下的估算，众所周知，中、低 $-\mu$ 路况对车辆的方向稳定性和安全动态性能更为重要。图 2-10 ~ 图 2-12 分别显示了在 100km/h 和 40km/h 标称前进速度下，中、低 $-\mu$ 路面条件下的 SLC 模拟结果。

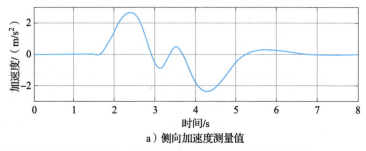

a）侧向加速度测量值

图 2-10　中摩擦下 SLC 仿真结果

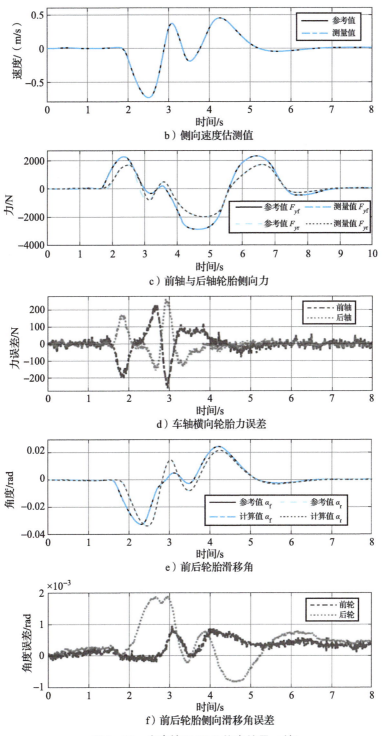

b）侧向速度估测值

c）前轴与后轴轮胎侧向力

d）车轴横向轮胎力误差

e）前后轮胎滑移角

f）前后轮胎侧向滑移角误差

图 2-10　中摩擦下 SLC 仿真结果（续）

与 DLC 机动相比（图 2 - 7a），SLC 机动在中 $-\mu$ 路况下的侧向加速度峰值要小得多（图 2 - 10a）。然而，在低 $-\mu$ 路面条件下，SLC 操纵下的峰值与 DLC 操纵下测得的峰值相当（图 2 - 8a 和图 2 - 11a）。这是由于在摩擦力极低的路面上进行 DLC 和 SLC 操作时车轮都会打滑。图 2 - 10 和图 2 - 11 还分别显示了中 $-\mu$ 和低 $-\mu$ 路面条件下的估计横向速度、轮胎侧向力和侧滑角，以及轮胎侧向力和侧滑预测误差。如图 2 - 10e 所示，在中 $-\mu$ 路面条件下，SLC 机动过程中达到的轮胎侧滑角峰值约为 0.03rad。这些数据与在 DLC 轨道的初始曲线端观察到的数据相当（图 2 - 7e）。与 DLC 机动一样，所提出的算法也能准确估计横向速度、侧向力和侧滑角。当车辆进入弯曲轨道时，估计的 TRFC 值 $\hat{\mu}_f$ 和 $\hat{\mu}_r$ 从 1.0 的限制值迅速下降到接近 0.4（图 2 - 12a）。$t = 4.2s$ 后，产生的轮胎侧滑角从较小的峰值（仅 0.025rad）减小到接近零，在此期间，由于轮胎侧滑角

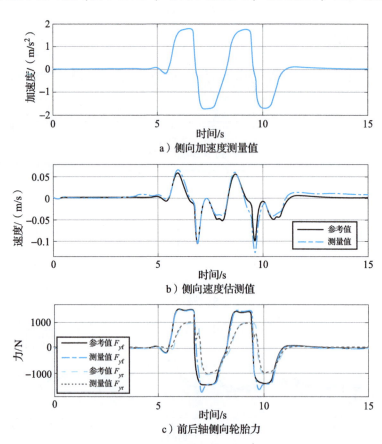

a）侧向加速度测量值

b）侧向速度估测值

c）前后轴侧向轮胎力

图 2-11　低摩擦下 SLC 仿真结果

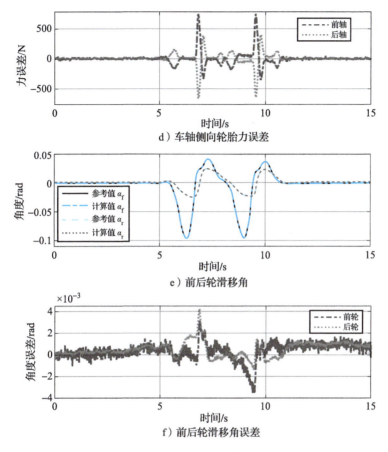

d）车轴侧向轮胎力误差

e）前后轮滑移角

f）前后轮滑移角误差

图 2-11　低摩擦下 SLC 仿真结果（续）

减小，前轴和后轴的 TRFC 估测值都出现了小幅高估。由于测量信号中加入了高斯白噪声，$\hat{\mu}_f$ 和 $\hat{\mu}_r$ 最终可能会收敛到较小的不同值（小于 0.01）。

　　不过，在 SLC 机动期间和之后，估测的 TRFC 值在 0.37~0.44 的小范围内变化。如图 2-12b 所示，根据在低 $-\mu$ 路面条件下进行的 SLC 机动的横向动态响应，所提出的算法也能准确、快速地估测 TRFC 值。由于转向角和轮胎侧滑角的变化相当大，结果显示侧向力估算存在相当大的偏差。这在图 2-11d 中的 $t=6\mathrm{s}$ 和 $t=9\mathrm{s}$ 附近很明显，这可能是由于饱和区域内轮胎转弯力的不确定性造成的。图 2-9b 比较了 SLC 机动过程中 $-\mu$ 和低 $-\mu$ 路面条件下的车辆 CG 轨迹。在整个机动过程中，无论 TRFC 值如何，车辆轨迹都保持在规定的范围内，尽管在低 $-\mu$ 路面条件下进行 SLC 机动会产生更大的路径振荡。

2.4.3 讨论与分析

从上述模拟结果可以看出，仅由标准 EKF 和 UKF 组成的 EKF-and-UKF 框架可在高、中、低 $-\mu$ 路面上确保以可接受的精度快速估测 TRFC。考虑到需要估测的状态数量对计算负担有很大影响，在 UKF1 中，第一阶段中的滤波轮速（车辆纵向速度的近似值）和 EKF 估算的横向速度被视为测量值。因此，在式（2 - 10）中，仅剩下轮胎力这三个未知状态需要估算。因此，轮胎力估算的总体计算量减少，远低于 Qi 等人[42] 研究中速度和轮胎力的综合估算。然后，UKF1 中估算的车轴侧向力被输入 UKF2 中进行 TRFC 识别，前轮和后轮的 TRFC 仍然是仅有的两个基于刷式轮胎模型进行识别的参数。考虑到估计 TRFC 的收敛速度，总体计算成本仍与 Wang 和 Wang[24] 以及 Chen 等人[100] 的研究中描述的方法相当。不过，这两项研究中的方法都假设了已知的车辆速度。还应该注意的是，在每个区间内没有尝试重新设置 UKF1 的 σ 点，因为在考虑的车辆机动情况下，轮胎力不会突然变化，这有助于进一步提高计算效率。

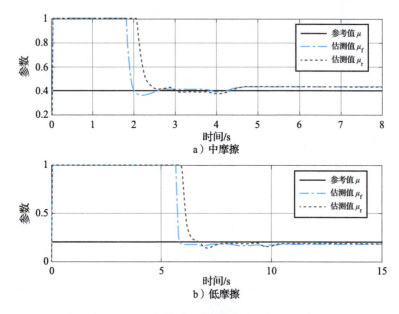

a）中摩擦

b）低摩擦

图 2 - 12　SLC 机动下两种路况下 TRFC 估测

虽然所需的 DLC 机动在所有三种路况下都实现了有效的 TRFC 估测（图 2 - 6），但在中 $-\mu$ 和低 $-\mu$ 路况下会导致接近极限值（μg）的较大横向加速度（图 2 - 7a 和图 2 - 8a），缺乏安全性和舒适性。图 2 - 12 中的结果表明，在中 - μ 和低 - μ 路面条件下，采用较简单的 SLC 机动系统可以准确识别 TRFC。此外，与 DLC 机动相比，SLC 机动产生的横向加速度峰值更小，摆动更小。因此，在估算摩擦系数时不必进行 DLC 机动，尤其是在中低摩擦路面条件下。与已报道的研究[17,41] 中采用的相对剧烈的机动相比，在 SLC 机动下估测 TRFC 更为实用。

2.5　本章小结

　　本章研究了一种新的 TRFC 估测框架，该框架基于车辆对更实用的变道操作（包括 DLC 和 SLC 操作）的响应。设计该框架的目的是利用车载传感器直接提供的测量数据。横向速度是唯一的例外，其在框架的初始阶段进行估算。由于估算框架采用级联结构，整体计算负担得以合理减轻。尽管 SLC 机动下的估算结果比 DLC 机动下的估算结果精度稍差，但所提出的两阶段方法可以快速、准确地估测出各种路况下的 TRFC 值。不过，即使在 SLC 机动下也能有效识别 TRFC，这使得该方法在实际应用方面非常有前景。然而，在横向车辆激励下进行 TRFC 估测会对车辆运动造成不必要的干扰，这很可能会让车内乘员感到厌烦。下一章将提出一个基于车辆纵向动力学的替代框架，试图将 TRFC 估算过程中对车辆运动的干扰降至最低。

自动驾驶车辆路面附着系数
估测与智能控制技术

第 3 章

基于车辆纵向动力学的 TRFC 估计

3.1 引言

　　由于自动驾驶汽车要有在不同的道路条件下执行驾驶任务的能力，因此实时了解路面附着系数变化对于自动驾驶汽车的运动控制和安全驾驶至关重要。已知的路面附着系数可能会因各种环境和操作条件而有很大差异，例如天气条件、轮胎状态、道路粗糙度、瞬时牵引力以及制动需求等。基于车辆的纵向和/或横向运动状态，已经提出了不同的路面附着系数（TRFC）估测算法，这些估测算法所采用的激励和道路条件差异很大。已有的研究使用了 Pacejka 轮胎模型[101]、Dugoff 轮胎模型[43]、Brush 轮胎模型[41] 和 LuGre 轮胎模型[102] 等不同的轮胎模型，这表明 TRFC 估测的可靠性也依赖于所使用轮胎模型的有效性。常用于摩擦估测的车辆动力学模型有车轮转动动力学模型[21]、自行车模型[16]、四分之一汽车模型[103] 和四轮车辆动力学模型[23]。路面附着系数估测的车辆和轮胎模型的技术调查研究参考于文献[104，105]。

　　Choi 等人[41]采用线性化的递归最小二乘（Recursive Least Square，RLS）技术，通过车辆对联合制动和转向输入的响应，实时识别 TRFC 以及轮胎刚度。该研究采用了 Pacejka[101] 所著书籍中描述的刷子轮胎模型。Gustafsson[106] 和 Rajamani 等人[29]基于纵向滑移率，假设纵向力和滑移之间存在线性关系，并利用 RLS 方法获得了各个车轮的独立 TRFC。然而，这种线性关系仅在轮胎的滑移变形非常小时才有效。Castro 等人[103]提出了一种约束的 RLS 方法，利用非线性 Burckhardt 轮胎模型的最优线性参数化进行实时 TRFC 估测。Enisz 等人[40]提出了一个以路面摩擦作为随机变量的扩展卡尔曼滤波（Extended Kalman Filter，EKF）框架，以便进行 TRFC 估测。该研究采用了一个两轮纵向车辆动力学模型和魔术公式（Magic Formula，MF）轮胎模型。另一项研究[35]采用了滑模观测器和 RLS 技术相结合，用于辨识 TRFC 以合成牵引控制系统，该方法的有效性在车辆于高摩擦路面上加速时进行了验证。Zhao 等人[21]提出了一种鲁棒的 TRFC 估测算法，用于防抱死制动系统（Anti-Skid Brake System，ABS），其中通过离散时间卡尔曼滤波观测轮胎力，然后使用 RLS 方法进行 TRFC 估测。

上述研究表明，从车辆的横向和/或纵向动态响应中可以获得 TRFC 的准确估测值。有效的 TRFC 估测通常涉及在车辆运动中进行足够激励和小扰动之间的权衡。然而，大多数基于纵向动力学的传统方法都需要施加相对较大的制动/加速度，以实现足够变化幅度的动态响应，从而识别 TRFC。在正常驾驶过程中，这些操作可能并不实用，而且可能会干扰实际驾驶情况下所需的车辆运动。因此，有必要开发涉及足够激励的 TRFC 估测方法，以保证参数估测算法的收敛性，同时确保对车辆运动的最小干扰。需要注意的是，与横向激励相比，在实际驾驶条件下沿纵向轴的扰动更为符合实际。此外，车辆纵向运动的变化在日常驾驶中更为常见，且被认为是可接受的。本章将介绍基于纵向动力学的 TRFC 估测方法开发，该方法确保车辆速度的变化相对较小。

3.2　估计方法与轮胎模型

3.2.1　估计方法概述

本章的估计方法基于两阶段制动压力脉冲输入设计用于产生足够的纵向激励，同时确保对车辆速度的干扰最小。在第一阶段，利用一系列多达五个不同幅度 (p_{pi}, $i=1$, $\cdots$, 5) 的制动压力脉冲，通过启发式规则确定 TRFC 估测所需的最小制动脉冲幅度 (p_s)。在第二阶段，采用幅度为 p_s 的单制动压力脉冲进行 TRFC 定量估测。如果 TRFC 的精度可以接受，则仅通过第一阶段就可以获得 TRFC 的定性估测，而无需第二阶段。为了使整个估测过程更加实用，还制定了一个受控可变节气门 (n_{th})，以便在两个阶段都施加制动脉冲后恢复车速。需要注意的是，当需要第二阶段高精度 TRFC 估测时，轮胎力和定量 TRFC 是根据车辆在制动压力脉冲下的纵向动态响应估测的。

图 3-1 展示了所述算法的框图，其中涉及以下与车辆纵向响应相关的测量状态：

1）纵向减速度 (a_x) 和车轮角速度 (ω_i)：可通过车载传感器获取。

2）瞬时前向速度 (v_x)：可通过车载传感器获取，或使用全球定位系统（Global Positioning System，GPS）进行测量。

3）制动转矩 (T_{bi})：可通过制动压力获取。

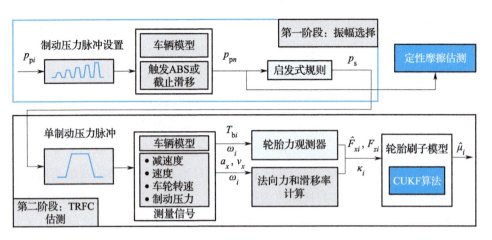

图 3-1 估计算法框图 (制动压力脉冲)

法向力 (F_{zi}) 和滑移率 (κ_i) 是根据可用的测量信号计算得出的，而用于估测制动力 ($\hat{F}_{xi}$) 的则是[24]中轮胎力观测器的改进形式。随后，利用刷子轮胎模型[21]，从估测的轮胎力和计算的滑移率中获得 TRFC ($\hat{\mu}_i$) 的估测值。为此，提出了一种新的受约束无特征卡尔曼滤波器 (Constrained Unscented Kalman Filter, CUKF) 算法，以实现快速收敛并提高估测精度，其中 TRFC 被视为轮胎模型中的一个状态。

备注 3.1 轮胎力和 TRFC 的估测是基于后轴车轮，而不是前轮。这是因为在考虑前轮驱动车辆时，可以忽略动力传动系统对后轮旋转动力学的影响。

3.2.2 车轮动力学

如图 3-2 所示，单个车轮的旋转动力学控制方程为

$$I_\omega \dot{\omega}_i = T_{di} - T_{bi} - R_e F_{xi} - R_e F_{ri} \qquad (3-1)$$

式中，I_ω 是车轮的转动惯量；ω_i 是单个车轮的旋转角速度，$i = 1$、2、3、4 分别表示前左、前右、后左和后右车轮；R_e 是轮胎的有效半径；F_{xi} 表示单个纵向轮胎力；滚动阻力 $F_{ri} = F_{zi} f_r$，其中 F_{zi} 是单个轮胎的法向力；f_r 是滚动阻力系数；T_{di} 和 T_{bi} 分别表示牵引和制动转矩。制动转矩与液压流体压力 (p_i) 和单个轮胎的制动力增益 K_{Bi} 直接相关[31]；

$$T_{bi} = K_{Bi} p_i \qquad (3-2)$$

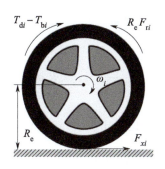

图 3 – 2　车轮旋转动力学模型

3.2.3　轮胎模型

有研究[21,41]指出，轮胎滑移率、轮胎制动力和力饱和度之间的非线性关系可以用刷子模型准确描述。该模型预测的轮胎力与路面附着系数直接相关，即

$$F_{xi} = \frac{C_{xi} \kappa_i / (1 + \kappa_i)}{f} F \qquad (3-3)$$

式中：

$$f = \sqrt{C_{xi}^2 \left[\kappa_i / (1 + \kappa_i) \right]^2}$$

$$F = \begin{cases} f - \dfrac{f^2}{3 \mu_i F_{zi}} + \dfrac{f^3}{27 \mu_i^2 F_{zi}^2}, & \text{if } f \leqslant 3 \mu_i F_{zi} \\ \mu_i F_{zi}, & \text{else} \end{cases}$$

式中，C_{xi} 是第 i 个轮胎的纵向刚度；μ_i 是 TRFC。

在不考虑车辆横向和翻滚运动的情况下，考虑车辆纵向减速度 a_x，可计算出作用在单个轮胎上的瞬时法向力为

$$F_{zi} = \begin{cases} \dfrac{mgl_r - ma_x h_c}{2l}, & i = 1, 2 \\ \dfrac{mgl_f + ma_x h_c}{2l}, & i = 3, 4 \end{cases} \qquad (3-4)$$

式中，g 是重力加速度；h_c 是车辆重心；l_f 和 l_r 分别是重心到前轴和后轴的距离；l 是车辆的轴距。

轮胎 i 的纵向车轮滑移率 κ_i 定义为

$$\kappa_i = \begin{cases} 1 - \dfrac{R_e \omega_i}{v_x}, & \text{if } v_x > R_e \omega_i,\ v_x \neq 0 \\[3mm] 1 - \dfrac{v_x}{R_e \omega_i}, & \text{if } v_x < R_e \omega_i,\ \omega_i \neq 0 \end{cases} \tag{3-5}$$

从式（3-4）和式（3-5）可以看出，瞬时法向力和轮胎滑移率可以通过测量状态 a_x、ω_i 和 v_x 计算得出。

如图 3-3 所示，通过将从上述关系中获得的轮胎纵向力滑移特性与使用广泛的 MF 轮胎模型[107,108] 的结果进行比较，刷子轮胎模型在纯滑移率下的适用性得到了检验。图 3-3a 显示了三种不同的法向载荷（2kN、3kN 和 4kN），图 3-3b 显示了三种不同的路面附着系数（0.3、0.6 和 0.9）。比较结果表明，有刷轮胎模型产生的纵向力 - 滑动特性在大约 15% 的滑动范围内与 MF 模型相当，这被认为是常见的滑动范围[21,44]。考虑到轮胎纵向刚度在很大程度上受轮胎法向载荷的影响[94]，但当轮胎法向载荷仅有微小变化时，可假定纵向刚度为常数。

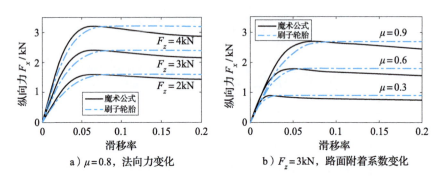

a）$\mu = 0.8$，法向力变化　　　　b）$F_z = 3\text{kN}$，路面附着系数变化

图 3-3　从刷子轮胎模型和魔术公式（MF）得到的轮胎纵向力与滑移率的关系比较

3.3　车辆机动设计

TRFC 估测通常涉及相对较大的激励，可能会对车辆运动造成不必要的干扰[21,41]。在本节设计的方法中，TRFC 估测算法是在被控制动输入下制定的，以主缸制动压力（P_{mc}）的短时脉冲形式施加，以减少对车辆运动的干扰。

3.3.1　基于 TRFC 估计的制动脉冲设计

本节首先介绍了为第二阶段 TRFC 估测而设计的制动脉冲。为了尽量减少对车辆运动的干扰，首先尝试了三角形式的制动压力脉冲，结果发现即使在相对较高的峰值压力下，估测算法的收敛性也很差，这是因为在制动脉冲结束后，滑移率的下降太过快速。随后，采用了 2s 梯形脉冲形式的制动压力，其中制动压力 p_{mc} 在 $t_0 = 1s$ 的瞬间从零升至 0.5s 的峰值 p_s。对于同一摩擦路面，被控制动压力输入可描述为

$$p_{mc} = \begin{cases} 0, \ t \leqslant t_0, \ t > t_0 + 2s \\ 2\,p_s(t - t_0), \ t_0 < t \leqslant t_0 + 0.5s \\ p_s, \ t_0 + 0.5s < t \leqslant t_0 + 1.5s \\ p_s - 2\,p_s[t - (t_0 + 1.5s)], \ \text{else} \end{cases} \qquad (3-6)$$

如图 3 - 4a 所示，为了减少对车速的干扰，必须选择最小的峰值压力和峰值保持时间，同时确保产生足够的滑移率，以便算法收敛到实际摩擦值。只考虑均匀摩擦路面，初步仿真显示，峰值保持时间为 1s 的梯形减速输入可使估测算法收敛到稳定值。压力峰值过低可能会因滑移率不足而导致估测值偏低，而压力峰值过高则可能会触发 ABS。然而，滑移率的产生除了与制动压力有关外，还和轮胎与路面的附着系数有关。因此，恒定的 p_s 值并不可行，应事先确定随路面摩擦而变化的最小 p_s 值。为此，在第一阶段中设计了一系列幅度不断增大的制动压力脉冲，如下文所述。

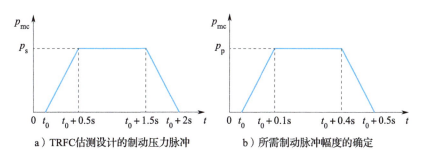

　　a）TRFC 估测设计的制动压力脉冲　　　　b）所需制动脉冲幅度的确定

图 3 - 4　制动脉冲设计

3.3.2　理想制动脉冲幅度的确定

ABS 广泛使用的是基于滑移率阈值算法的控制原理。当滑移率超过阈值，导致车轮速度和滑移率振荡时，就会触发 ABS[21]。为减少对车速的干扰，需要确定 TRFC 算法收敛所需的最小制动压力，以实现最小滑移率。初步仿真表明，估测算法满意收敛的最小滑移率范围为：低摩擦路面（$\mu = 0.2$）时 0.012 到高摩擦路面（$\mu = 0.9$）时 0.085。此外，还使用 CarSim 车辆模型（C 级）进行了仿真，考虑 0.2 ~ 0.9 范围内的路面摩擦和不同的初始前进速度（v_{x0}），以确定导致 ABS 触发的最小制动压力。C 类车辆模型启动 ABS 的默认滑移率阈值设定为 0.12，仿真使用了持续时间较短的梯形脉冲（峰值保持时间为 0.3s），以减少对车速的干扰，如图 3 - 4b 所示：

$$p_{\mathrm{mc}} = \begin{cases} 0,\ t \leqslant t_0,\ t > t_0 + 0.5\mathrm{s} \\ 10\, p_{\mathrm{p}}(t - t_0),\ t_0 < t \leqslant t_0 + 0.1\mathrm{s} \\ p_{\mathrm{p}},\ t_0 + 0.1\mathrm{s} < t \leqslant t_0 + 0.4\mathrm{s} \\ p_{\mathrm{p}} - 10\, p_{\mathrm{p}}[t - (t_0 + 0.4\mathrm{s})],\ \mathrm{else} \end{cases} \tag{3-7}$$

式中，$t_0 = 1\mathrm{s}$ 时 p_{p} 为脉冲峰值。通过逐渐增加 p_{p}，确定不同 μ 值下触发 ABS 的阈值压力（p_{p}）。图 3 - 5 举例说明了两种不同路面（$\mu = 0.9$ 和 $\mu = 0.4$）时所产生的滑移率的时间历程。图中仅给出了在不同初始速度下接近触发 ABS 的 p_{p} 值的结果。结果清楚地表明，阈值压力会随 μ 变化而发生很大变化，当 $\mu = 0.9$ 时，阈值为 2.7MPa，当 $\mu = 0.4$ 时，阈值为 1.5MPa。结果还表明，阈值压力与

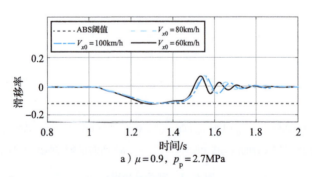

a）$\mu = 0.9$，$p_{\mathrm{p}} = 2.7\mathrm{MPa}$

图 3 - 5　两种 TRFC 情况下，不同速度和制动压力脉冲幅度下左后轮滑移率的变化

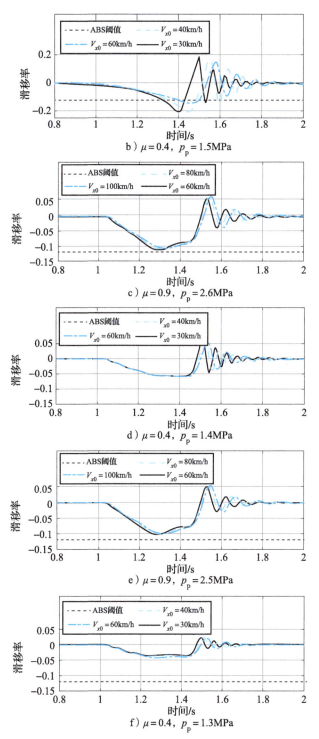

图 3-5　两种 TRFC 情况下，不同速度和制动压力脉冲幅度下左后轮滑移率的变化（续）

仿真中考虑的前进速度的关系相对较小，在其他路面上也观察到类似的趋势。表 3 – 1 总结了不同路面上导致 ABS 启动的 p_p 临界值以及考虑的速度范围。

表 3 – 1　不同路面峰值压力阈值（p_p^*）

路面表面摩擦（μ）	p_p^*/MPa	初始速度/（km/h）
0.2	0.8	40 和 30
0.4	1.5	60、40 和 30
0.6	2.1	80、60 和 40
0.8	2.5	100、80 和 60
0.9	2.7	100、80 和 60

由于制动压力阈值与路面有很大关系，因此设计了一种方法来确定 TRFC 估测所需的最小脉冲压力（p_s）。该方法的基础是应用一系列最多五个峰值的不断增加的制动脉冲，两个连续脉冲之间的时间间隔设定为 0.5s，每个脉冲的制动压力变化受式（3 – 7）的制约。五个连续脉冲（p_{pi}, $i = 1$，…，5）的初始幅度选定为低于触发 ABS 的阈值压力（p_p^*）0.1MPa，该阈值是根据不同的前进速度和路面附着系数确定的。选择 0.1MPa 是为了将滑移率限制在 0.1 左右，该值略低于 ABS 滑移阈值，即使在高摩擦路面（$\mu = 0.9$）上也足以使 TRFC 估测算法达到令人满意的收敛性，因此被视为截止滑移率。这确保了在估测过程中不会反复激活 ABS。然而，在低摩擦路面（$\mu \leqslant 0.4$）上产生的滑移率对制动脉冲的大小非常敏感。这一点在图 3 – 5 中也很明显，该图表明，即使制动压力大小变化很小（0.1MPa），也会导致滑移率的巨大变化。这对确定制动压力脉冲的适当大小以限制截止滑移是一个挑战。因此，与低摩擦系数（$\mu \leqslant 0.4$）路面相对应的前两个脉冲（p_{p1}, p_{p2}）的峰值压力被限制在触发 ABS 的阈值范围内。见表 3 – 1，后续脉冲（p_{pi}, $i = 3$, 4, 5）的大小确保比各自的阈值压力低 0.1MPa。因此，选择的连续峰值为 $p_{p1} = 0.8$MPa，$p_{p2} = 1.5$MPa，$p_{p3} = 2.0$MPa，$p_{p4} = 2.4$MPa 和 $p_{p5} = 2.6$MPa。

对每个车轮的滑移率进行监测，当滑移率接近或超过 0.1 以及触发 ABS 时终止输入。图 3 – 6 阐述了车辆模型在两种不同摩擦系数时受到一系列制动压力脉冲下的滑移率响应。很明显，$\mu = 0.6$ 路面和 $\mu = 0.9$ 路面在使用第三个和第五个脉冲时的理想滑移率均为 0.1。

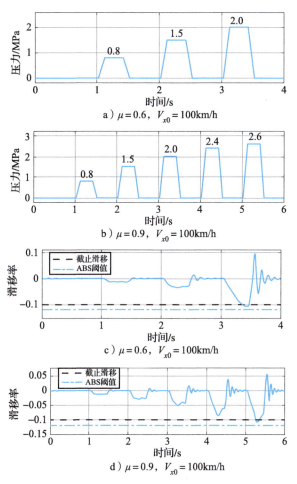

a）$\mu=0.6$，$V_{x0}=100\text{km/h}$

b）$\mu=0.9$，$V_{x0}=100\text{km/h}$

c）$\mu=0.6$，$V_{x0}=100\text{km/h}$

d）$\mu=0.9$，$V_{x0}=100\text{km/h}$

图 3-6　左后轮胎的制动压力脉冲大小和滑移率

　　随后，利用如下启发式规则选择 TRFC 估测算法第二阶段所需的压力（p_s）大小，该规则在考虑到所提出的 TRFC 估测算法在广泛路面范围内的收敛性而进行的反复仿真基础上建立。根据导致 ABS 启动或产生截止滑移率的脉冲序数（$n=1,\cdots,5$），第二阶段的 p_s 值设定如下：

$$p_s=\begin{cases}p_{ss}-0.2\,\text{MPa}, & \text{if }\kappa_i\geqslant 0.1\\[6pt]p_{ss}, & \text{else}\end{cases}\tag{3-8}$$

式中：

$$p_{ss}=\begin{cases}p_{pn}-0.2, & \text{if }n=1,2\\[6pt]p_{pn}-0.1, & \text{if }n=3,4,5\end{cases}\tag{3-9}$$

κ_i 是制动压力 p_{ss} 下产生的滑移率。

3.3.3 第一阶段和第二阶段的关系

根据第一阶段中导致 ABS 启动或产生截止滑移率的脉冲序数，可以获得 TRFC 的定性估测值。这有助于将路面附着系数分为五种不同情况，即"极低""低""中等""高"和"极高"，见表 3 – 2。

表 3 – 2　附着系数定性估计结果

脉冲序数（n）	摩擦区间	附着质量
1	<0.2	极低
2	0.2 ~ 0.4	低
3	0.4 ~ 0.6	中等
4	0.6 ~ 0.8	高
5	>0.8	极高

这种根据轮胎反应的定性结果比传统的定性方法更加可靠[25 – 27]，因为传统的定性方法忽视了轮胎运动因素的作用。值得注意的是这两个阶段并非强制性的，如果在特定场景中可以接受 TRFC 的定性估测，则第二阶段可能是不必要的。考虑到路面附着系数并不总是一个固定值，上述推理完全是真实合理的。值得注意的是，"极低"和"极高"摩擦系数路面（$n=1$ 和 $n=5$）的近似摩擦系数范围具有足够的准确性，因此在这两种情况下没有必要进行第二阶段计算。对于其他路况，对 TRFC 具有更高准确性的估测的第二阶段则是必要的。

3.4 制动力估计

估测算法的设计重点是后轴车轮，而不是前轮。这是因为在我们考虑的情况下，尽管后轮的制动增益低于前轮，但在制动过程中后轮会表现出相对较高的滑移率。此外，由于考虑的是前轮驱动车辆（$T_{di}=0$，$i=3,4$），因此可以忽略传动系统动力学对后轮旋转动力学的影响。

对文献[24，109]中的观测器进行改进，以便从车轮的旋转动力学中估测后轮胎纵向力。本节所提出的观测器包含了滚动阻力的影响，估测力 $\hat{F}_{xi}$（$i=3,4$）可表示为

$$\begin{cases} \hat{F}_{xi} = -\dfrac{I_\omega}{R_e}\chi_i - \dfrac{I_\omega}{R_e}\rho_i\omega_i \\[4mm] \dot{\chi}_i = -\rho_i\chi_i - \rho_i\left(\dfrac{-T_{bi}-R_eF_{ri}}{I_\omega}+\rho_i\omega_i\right) \end{cases} \qquad (3-10)$$

式中，ρ_i 是正增益；χ_i 是由式（3-10）中第二个等式产生的中间变量。根据式（3-1），车轮的角减速度可表示为

$$\dot{\omega}_i = -\dfrac{R_e}{I_\omega}F_{xi} + \dfrac{-T_{bi}-R_eF_{ri}}{I_\omega} \qquad (3-11)$$

式（3-10）和式（3-11）得出 $\hat{F}_{xi}$ 的时间导数与估测力误差 $\hat{F}_{xi}-F_{xi}$ 之间的关系为

$$\begin{aligned} \dot{\hat{F}}_{xi} &= -\dfrac{I_\omega}{R_e}\dot{\chi}_i - \dfrac{I_\omega}{R_e}\rho_i\dot{\omega}_i \\[3mm] &= -\dfrac{I_\omega}{R_e}\rho_i\left(-\chi_i - \dfrac{-T_{bi}-R_eF_{ri}}{I_\omega}-\rho_i\omega_i\right) - \dfrac{I_\omega}{R_e}\rho_i\left(-\dfrac{R_e}{I_\omega}F_{xi}+\dfrac{-T_{bi}-R_eF_{ri}}{I_\omega}\right) \\[3mm] &= -\dfrac{I_\omega}{R_e}\rho_i\left(-\chi_i-\rho_i\omega_i-\dfrac{R_e}{I_\omega}F_{xi}\right) \\[3mm] &= -\rho_i\left(-\dfrac{I_\omega}{R_e}\chi_i-\dfrac{I_\omega}{R_e}\rho_i\omega_i-F_{xi}\right) \\[3mm] &= -\rho_i(\hat{F}_{xi}-F_{xi}) \end{aligned} \qquad (3-12)$$

考虑到 Lyapunov 函数的形式[109]：

$$V_i = \dfrac{1}{2}(F_{xi}-\hat{F}_{xi})^2 \qquad (3-13)$$

得出 V_i 的时间导数为

$$\begin{aligned} \dot{V}_i &= (F_{xi}-\hat{F}_{xi})(\dot{F}_{xi}-\dot{\hat{F}}_{xi}) \\[3mm] &= (F_{xi}-\hat{F}_{xi})\left[\dot{F}_{xi}+\rho_i(\hat{F}_{xi}-F_{xi})\right] \\[3mm] &= -\rho_i(F_{xi}-\hat{F}_{xi})^2+\dot{F}_{xi}(F_{xi}-\hat{F}_{xi}) \\[3mm] &\leqslant -\rho_i(F_{xi}-\hat{F}_{xi})^2+\dfrac{(F_{xi}-\hat{F}_{xi})^2}{2}+\dfrac{\dot{F}_{xi}^2}{2} \end{aligned} \qquad (3-14)$$

假设 $\dot{F}_{xi}$ 仍然有界，$|\dot{F}_{xi}| \leqslant C$，则上述公式可改写为

$$\dot{V}_i \leqslant -\left(\rho_i - \frac{1}{2}\right)(F_{xi} - \hat{F}_{xi})^2 + \frac{C^2}{2} \qquad (3-15)$$

当式（3-15）的右边界收敛为零时，估测误差 $|F_{xi} - \hat{F}_{xi}|$ 就会变得有界，如下所示：

$$|F_{xi} - \hat{F}_{xi}| \leqslant \frac{C}{\sqrt{|2\rho_i - 1|}} \qquad (3-16)$$

由于 ρ_i 可以任意选得很大，因此估测误差可以用一个小常数来约束。

3.5 TRFC 估计算法

3.5.1 CUKF 算法设计

TRFC 可视为嵌入刷子轮胎模型中的车辆状态，该模型产生的轮胎力是滑移率和 TRFC 的非线性分段函数。轮胎模型在工作点周围的线性化将需要进行雅可比矩阵的计算，这在计算上可能并不高效[110]。因此，基于无迹变换的 UKF（无迹卡尔曼滤波器）被认为是更好的替代方案。

将 TRFC 定义为状态 $\tau_k = \mu_{i,k}$，并定义测量值 $y_k = F_{xi,k}$，其中 $F_{xi,k}$ 代表后轮制动所产生的力，$i = 3, 4$。这里的下标 k 表示时间步长的索引。刷子轮胎模型可以被描述为一个状态量和一个测量量的离散非线性系统：

$$\begin{cases} \tau_k = F(\tau_{k-1}) + w_k, \ w_k \sim (0, \ M_k) \\ y_k = H(\tau_k) + v_k, \ v_k \sim (0, \ N_k) \end{cases} \qquad (3-17)$$

式中，w_k 和 v_k 分别是过程噪声和测量噪声；M_k 和 N_k 分别是 w_k 和 v_k 的协方差。状态转移函数 F 和观测函数 H 表达如下：

$$F(\tau_{k-1}) = \tau_{k-1} = \mu_{i,k-1} \qquad (3-18)$$

$$H(\tau_k) = H(\mu_{i,k}) = F_{xi,k}^c \qquad (3-19)$$

式中，$F_{xi,k}^c$ 代表从刷子轮胎模型获得的纵向轮胎力，考虑了瞬时法向力 $F_{zi,k}$ 和轮胎滑移率 $k_{i,k}$，以及在前一步 $\hat{\mu}_{i,k-1}$ 估测的 TRFC。

在每个采样区间中，法向力从式（3 - 4）中获得，而轮胎纵向力以规范化形式表达为：

$$r_{i,k} = \frac{\hat{F}_{xi,k}}{F_{zi,k}}, \quad i = 3, \ 4 \tag{3-20}$$

式中，$\hat{F}_{xi,k}$ 表示从式（3 - 10）中估测的制动轮胎力。对于乘用车辆，轮胎与路面的摩擦系数（TRFC）通常在 0~1 之间。在物理上，它大于或等于规范化轮胎力 $r_{i,k}$，满足以下关系：

$$\begin{cases} 0 < \mu \leq 1 \\ \mu \geq r_{i,k} \end{cases} \tag{3-21}$$

基于式（3 - 21），可以设计实际的系统状态变化约束，并进一步构建一个新的 CUKF 框架以提高收敛速度。其中 L 是状态向量的维度，根据以下规则更新了 $2L + 1$ 个转换后的 σ 点 $\Gamma_{k|k-1}^{ii}$：

$$\Gamma_{k|k-1}^{ii} = \begin{cases} 1, & \text{if } \Gamma_{k|k-1}^{ii} \geq 1 \\ r_{i,k}, & \text{else if } 0 < \Gamma_{k|k-1}^{ii} \leq r_{i,k} \\ 0, & \text{else if } \Gamma_{k|k-1}^{ii} < 0 \\ \Gamma_{k|k-1}^{ii}, & \text{else} \end{cases} \tag{3-22}$$

式中，$ii = 0, \cdots, 2L$。在**算法一**中给出了 CUKF 算法的伪代码，其中 $\Gamma_{k|k-1}^{ii}$ 和 $\gamma_{k|k-1}^{ii}$ 分别是矩阵 $\Gamma_{k|k-1}$ 和 $\gamma_{k|k-1}$ 的第 ii 列，N 是时间步长的总数，$\lambda = \alpha_u^2(L + \sigma) - L$ 是一个缩放参数，其中 σ 是辅助缩放参数，通常设置为 0。而 W_s^{ii} 和 W_c^{ii} 则是 $2L + 1$ 个 σ 点的加权因子，由下式给出：

$$\begin{cases} W_s^0 = \dfrac{\lambda}{L + \lambda} \\ W_c^0 = \dfrac{\lambda}{L + \lambda} + (1 - \alpha_u^2 + \beta_u) \\ W_s^{ii} = W_c^{ii} = \dfrac{1}{2(L + \lambda)}, \quad ii = 1, \cdots, 2L \end{cases} \tag{3-23}$$

式中，α_u 是一个常数，用于确定 σ 点在 τ_k 均值周围的分布范围，而常数 β_u 则允

许利用对 τ_k 分布的先验知识。对于高斯分布，建议选择 $\beta_u = 2^{[99]}$。正如算法一所示，先验状态估测 $\hat{\tau}_k^-$ 及其误差协方差 P_k^- 都包含了状态约束的信息。接下来，将状态约束的信息进一步引入预测量 $\hat{y}_k^-$ 以及协方差 $P_{y_ky_k}$ 和 $P_{\tau_ky_k}$ 中。虽然制定的 CUKF 框架有助于提高收敛速度，但使用类似于 UKF 的简单结构仍然很容易实现。在本研究中，CUKF 参数选择为 $\alpha_u = 1$，$\beta_u = 2$，$\sigma = 0$，能够提供满意的 TRFC 估测。关于非线性估测的 UKF 技术已在文献 [96，99，111] 中进行了详细描述。

算法一：CUKF 的伪代码

输入：轮胎力 $F_{xi,k}$、$F_{zi,k}$ 和滑移率 $k_{i,k}$

输出：前一步 $\hat{\mu}_{i,k-1}$ 估测的 TRFC

1：初始化 $\hat{\tau}_0 = \mathrm{E}(\tau_0)$，$P_0 = \mathrm{E}\left[(\tau_0 - \hat{\tau}_0)(\tau_0 - \hat{\tau}_0)^\mathrm{T}\right]$

2：遍历 $k \in \{1, \cdots, N\}$

3：计算 σ 点

4：$\Gamma_{k-1} = \left[\hat{\tau}_{k-1}\ \hat{\tau}_{k-1} \pm \sqrt{(L+\lambda)P_{k-1}}\right]$

5：时间更新和约束

6：$\Gamma_{k|k-1} = F(\Gamma_{k-1})$

7：如果 $\Gamma_{k|k-1}^u \geqslant 1$ 则 $\Gamma_{k|k-1}^{ii} = 1$

8：假设结束

9：如果 $0 < \Gamma_{k|k-1}^{ii} \leqslant r_{i,k}$ 则 $\Gamma_{k|k-1}^{ii} = r_{i,k}$

10：假设结束

11：如果 $\Gamma_{k|k-1}^{ii} < 0$ 则 $\Gamma_{k|k-1}^{ii} = 0$

12：假设结束

13：$\hat{\tau}_k^- = \sum\limits_{ii=0}^{2L} W_s^{ii}\ \Gamma_{k|k-1}^{ii}$

14：$P_k^- = \sum\limits_{ii=0}^{2L} W_c^{ii}\left[\Gamma_{k|k-1}^{ii} - \hat{\tau}_k^-\right]\left[\Gamma_{k|k-1}^{ii} - \hat{\tau}_k^-\right]^\mathrm{T}$

15：$\Gamma_{k|k-1} = \left[\hat{\tau}_k^-\ \hat{\tau}_k^- \pm \sqrt{(L+\lambda)P_k^-}\right]$

16：$\gamma_{k|k-1} = H(\Gamma_{k|k-1})$

17：$\hat{y}_k^- = \sum\limits_{ii=0}^{2L} W_s^{ii}\ \gamma_{k|k-1}^{ii}$

18：测量值更新

19：$P_{y_ky_k} = \sum\limits_{ii=0}^{2L} W_c^{ii}\left[\gamma_{k|k-1}^{ii} - \hat{y}_k^-\right]\left[\gamma_{k|k-1}^{ii} - \hat{y}_k^-\right]^\mathrm{T}$

20：$P_{\tau_ky_k} = \sum\limits_{ii=0}^{2L} W_c^{ii}\left[\Gamma_{k|k-1}^{ii} - \hat{\tau}_k^-\right]\left[\gamma_{k|k-1}^{ii} - \hat{y}_k^-\right]^\mathrm{T}$

21：$K_k = P_{\tau_ky_k}P_{y_ky_k}^{-1}$

22：$\hat{\tau}_k = \hat{\tau}_k^- + K_k(y_k - \hat{y}_k^-)$

23：$P_k = P_k^- - K_k P_{y_ky_k}K_k^\mathrm{T}$

24：结束

3.5.2　更新终止条件

TRFC 估测算法考虑了可控制的制动压力输入，在外部激励停止施加时，制动压力将释放为零。停止外部激励施加结束时产生的低滑移率可能导致相当大的 TRFC 估测误差。因此，在滑移率变得很小之前终止递归更新并保留正在估测的 TRFC 至关重要。

对于式（3－6）中描述的制动压力脉冲输入，制动压力 p_{mc} 在接近停止外部激励施加结束的 0.5s 内从峰值 p_s 降至零。随着制动压力释放，滑移率迅速减小。因此，将更新的终止时刻 t_{stop} 设置为制动压力释放的开始时刻。为进一步提高精度，在 t_{stop} 之后估测的 TRFC 被取为时间段（t_3，t_{stop}）内估测的平均值，其中 $t_3 = t_{stop} - 0.5s$，表达式如下：

$$\hat{\mu}_{i,\text{stop}} = \frac{1}{k_2 - k_1 + 1} \sum_{k=k_1}^{k_2} \hat{\mu}_{i,k} \qquad (3-24)$$

式中，$k_1 = t_3/T_s$；$k_2 = t_{stop}/T_s$；T_s 为采样间隔。这样做可以在算法停止更新时，将对应于较高滑移率的 TRFC 估测（通常更可靠）整合到 TRFC 估测结果中。

3.6　仿真结果与讨论

为评估所提出的 TRFC 识别算法的有效性，采用 MATLAB/Simulink 和 CarSim 平台进行了联合仿真。将 CarSim 仿真模型对制动脉冲输入的响应作为评估测法性能的参考或测量状态。除此之外，为了在测量噪声存在的情况下评估估测方法的有效性，模型响应中还添加了高斯白噪声。除 TRFC 外，还根据前进速度的变化对所提算法的相关运动干扰进行了评估。

仿真试验考虑了不同路面和初始前进速度下的制动输入，这些制动输入在 3.3 节中有详细定义。文献[96]和[99]采用了 UKF 和 RLS 算法得到估测结果，将其与使用 CUKF 算法获得的估测结果进行对比。CUKF、UKF 和 RLS 的初始设置见表 3－3，以确保这三种算法相互比较的公平性。需要注意的是，RLS 的遗忘因子是在获得最佳估测结果的基础上进行调整的。

CarSim 平台中提供的 C 类车辆模型的主要参数包括 $l_f = 1.016\text{m}$，$l_r =$

$1.562m$, $m = 1416kg$, $I_\omega = 0.9kg \cdot m^2$, $R_e = 0.316m$, $K_{B3} = 200N \cdot m/MPa$, $C_{x3} = 48kN/unit\ slip$，采样间隔 $T_s = 0.01s$。考虑到左右轮胎滚动时产生的力相等，因此忽略不计。仅从左后轮胎得到的 TRFC 估测结果如下。

表 3 – 3 不同算法的初始设置

算法	$\hat{\tau}_0$	P_0	M_k	N_k	λ_k
CUKF	0	10	10^{-4}	4×10^4	—
UKF	0	10	10^{-4}	4×10^4	—
RLS	0	10			0.92

注：表中符号：$\hat{\tau}_0$—初始状态；P_0—初始状态误差协方差；M_k—过程协方差；N_k—观测协方差；λ_k—遗忘因子。

3.6.1 高摩擦路面

考虑到初始前进速度为 100km/h，在相对较高的摩擦系数（$\mu = 0.8$）路面上进行了仿真。在阶段一中，施加了一系列制动脉冲，结果显示，在第四个脉冲时，截止滑移率为 0.1。因此，在第四个脉冲后终止了初始阶段的仿真，并随后施加了控制节气门输入脉冲来恢复车辆速度。根据启发式规则式（3 – 8）和式（3 – 9）确定阶段二中制动脉冲的大小为 2.3MPa。图 3 – 7a ~ c 将估测的左后轮胎纵向力和法向力以及产生的滑移率与 CarSim 仿真得到的参考值进行比较，结果表明估测值与参考值之间的误差相对较小。算法的更新周期为 1 ~ 2.5s，与参考值相比，纵向和法向轮胎力的峰值误差分别为 3.3% 和 2.5%，峰值滑移率为 0.08 左右。图 3 – 7d 将本章提出的基于 CUKF 算法以及文献[96，99]中提出的 UKF 和 RLS 算法获得的估测 TRFC 与参考值进行了比较。由于产生的滑移率相对较高，基于 UKF 和 RLS 的方法均能以可接受的精度识别 TRFC。两种方法估测得到的 TRFC 在 $t = 2.1s$ 后（施加制动脉冲后 1.1s）收敛到 0.77，但是 UKF 方法在时间方面略微有优势。然而，基于 CUKF 的方法带来更精确的 TRFC 估测和相对更快的收敛速度。在约 1.7s 时，估测值非常接近目标值 0.8。从这些比较中可以推断出，与 RLS 和 UKF 算法相比，CUKF 可以带来更好的收敛速度和估测精度。

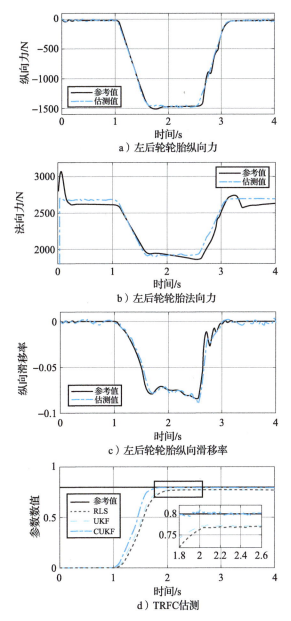

a）左后轮轮胎纵向力

b）左后轮轮胎法向力

c）左后轮轮胎纵向滑移率

d）TRFC估测

图 3-7　左后轮估测值与参考值的比较（$\mu=0.8$；$v_{x0}=100\text{km/h}$）

3.6.2　中摩擦路面

考虑到巡航速度为 60km/h，在中等摩擦路面（$\mu=0.5$）下，进一步评估了该算法的有效性。第一阶段的结果显示，在第三个制动脉冲时，能够达到期望的 0.1 滑移率，这时车速略微下降，随后恢复至初始巡航速度。根据启发式规则，第二阶段中 TRFC 估测的 p_s 值设置为 1.7MPa。在第二阶段的 TRFC 估测过程中，可以有效地估测轮胎的纵向和法向力以及滑移率，如图 3 – 8a ~ c 所示。与参考值相比，估测的纵向力和法向力的峰值误差分别约为 8% 和 5%，略高于在高摩擦路面（$\mu = 0.8$；$v_{x0} = 100\text{km/h}$）下的观察结果，这表明力估测器可能对车速和测量噪声敏感。然而，在高摩擦路面情况下，滑移率的估测更为准确，如图 3 – 8c 所示。在第二阶段提供的 1.7MPa 的幅度下，本章提出的算法能够准确估测 TRFC，在 $t = 1.7\text{s}$ 时收敛至目标值 0.5，如图 3 – 8d 所示。相比之下，使用 UKF 和 RLS 算法估测的 TRFC 值在接近 $t = 2\text{s}$ 时收敛至稍低的 0.47。可以清楚地看出，相较于 UKF 和 RLS 算法，CUKF 能够更快地识别 TRFC。

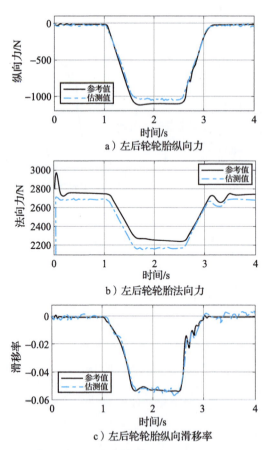

a）左后轮轮胎纵向力

b）左后轮轮胎法向力

c）左后轮轮胎纵向滑移率

图 3–8　左后轮估测值与参考值的比较（$\mu = 0.5$；$v_{x0} = 60\text{km/h}$）

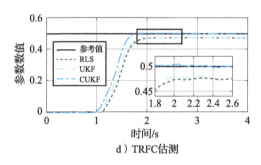

d）TRFC 估测

图 3-8　左后轮估测值与参考值的比较（$\mu = 0.5$；$v_{x0} = 60\text{km/h}$）（续）

3.6.3　低摩擦路面

图 3-9 展示了当路面为低摩擦（$\mu = 0.2$），车速为 40km/h 时，估测的轮胎力、滑移率和 TRFC 估测值随时间变化的情况。在第一阶段，尽管速度降低幅度很小，ABS 也会在第一个制动压力脉冲输入时触发。随后，根据式（3-8）和式（3-9）将制动脉冲（p_s）的峰值设置为 0.6MPa，用于阶段二的 TRFC 估测。如图 3-9c 所示，上述设置将导致滑移率显著降低，约为 1.2%。估测的制动力与目标制动力之间的偏差仅为 2.5%，估测的轮胎法向力存在较大误差，约为 3.3%。与高摩擦和中摩擦路面条件相似，在设计的制动机制下，三种算法均能较好地估测出摩擦系数。然而，CUKF 和 UKF 之间的估测精度差异较小。这是因为标准化的轮胎力约为 0.16，表明轮胎处于接近最佳滑移状态的滑移范围内，在该状态下可产生最大轮胎力。尽管如此，在图 3-9d 中显然可以观察到，CUKF 在收敛速度方面仍具有明显优势。

3.6.4　车辆运动干扰的分析

第一阶段和第二阶段的制动脉冲引起的速度变化如图 3-10 所示。可以看到，第二阶段的速度降低幅度略高于第一阶段，这是因为第二阶段中单个制动脉冲的强度要大得多。在这两个阶段中，随着 TRFC 的增加，速度降低幅度也随之增加，这表明估测高摩擦系数更具挑战性。此外，从本章提出的 CUKF 及文献 [96] 和 [99] 提出的 RLS 和 UKF 算法所得到的仿真结果一致表明，TRFC 估测的准确性十分依赖于受控制动脉冲引起的滑移率。在高、中摩擦系数路面条件下，车辆表现出相对较高的滑移率，约为 8.5% 和 5.5%，这可能导致车辆前

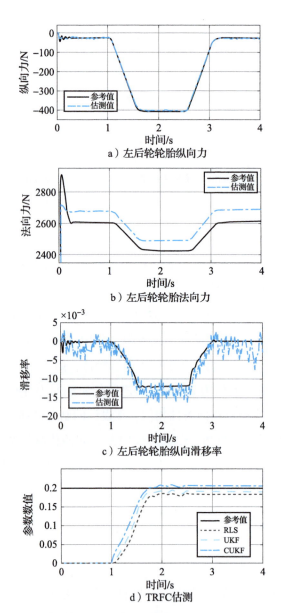

a）左后轮轮胎纵向力

b）左后轮轮胎法向力

c）左后轮轮胎纵向滑移率

d）TRFC估测

图3-9　左后轮估测值与参考值的比较（$\mu = 0.2$；$v_{x0} = 40\text{km/h}$）

进速度不可避免地降低。由于制动脉冲持续时间短，如图 3 - 10 所示，仿真结果显示两个阶段的平均速度在高、中和低摩擦系数路面条件分别下降约 28km/h、20km/h 和 8km/h。这些都归因于确定适当的压力大小和准确估测 TRFC 所需的滑移率，这两者都构成了对车辆运动的干扰。

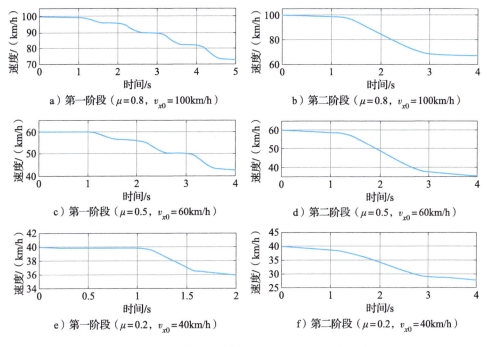

图 3-10　高、中、低摩擦路面上速度随时间变化情况

　　如果只关注在三种不同路面上平均速度降低的绝对值，尤其是对于高摩擦系数路面，人们可能会觉得 TRFC 估测（第二阶段）中的速度干扰并不小。在 TRFC 估测的精度和车辆运动的干扰之间存在着一种平衡。然而，与过往的研究相比，这些速度干扰实际上比传统方法要小得多，在摩擦估测过程中，恒定的制动输入总是会导致相当大的速度降低，甚至完全停止[16,21,29]。此外，摩擦系数估测过程中施加的制动压力脉冲仅持续 2s，并且车辆速度可以迅速恢复。鉴于此，考虑到三种初始速度（分别为 100km/h、60km/h 和 40km/h），本章所提出的估测方法对车辆运动的干扰仍然是在可接受范围内的。值得注意的是，如果第一阶段的近似摩擦范围具有足够的精度，那么第二阶段可能就不再需要。在这种情况下，预期会有更小的速度降低和更小的运动干扰。

3.7　估计方法敏感度分析

　　最后通过仿真来评估所提轮胎 - 路面摩擦估测算法对制动压力和初始车速

的灵敏度。本节考虑了路面摩擦 $\mu = 0.8$、初始速度 $v_{x0} = 100\text{km/h}$ 和三种不同的制动压力 2.3MPa、2.2MPa、2.1MPa。图 3-11 给出了估测的左后轮胎纵向力、法向力和滑移率的误差，以及估测的路面附着系数。所给出的时间段 $1 \sim 2.5\text{s}$ 对应于 CUKF 更新窗口。该图还显示了计算出的滑移率。结果显示，无论制动压力如何，估测的轮胎纵向力和法向轮胎力的误差都非常小甚至可以忽略不计。滑移率误差对于制动压力变化的灵敏度也非常低，如图 3-11c 所示。然而，较高的制动压力会导致较高的滑移率，如图 3-11d 所示。因此，摩擦估测误差也受到制动脉冲压力的影响，如图 3-11e 所示。结果表明，在 2.2MPa 和 2.1MPa 压力脉冲的情况下，稳态摩擦误差约为 5% 和 10%，这是由于较低强度的脉冲产生的滑移率不足导致的。而对于 $p_s = 2.3\text{MPa}$，摩擦误差可以忽略不计，算法收敛到 0.8。结果也再度证明了选择 $p_s = 2.3\text{MPa}$ 的合理性，以确保高 $-\mu$ 路况下 TRFC 估算的高精度。

图 3-12 展示了在考虑路面摩擦 $\mu = 0.8$、制动压力 $p_s = 2.3\text{MPa}$ 和前进速度 60km/h、80km/h、100km/h 时，估测误差对初始车速的灵敏度。结果显示，相较于 100km/h，在 60km/h 和 80km/h 下的轮胎力的误差更大。然而，滑移率和 TRFC 的误差对车速的灵敏度则很低，如图 3-12c 和 e 所示。这是因为滑移率和 TRFC 主要由制动压力大小而不是初始车速决定。在所考虑的三种速度下，稳态 TRFC 的标准化估测误差均小于 2.5%。在其他路面表面也观察到了类似的趋势。因此，仿真结果表明，所提出的算法可以在广泛范围内对 TRFC 进行有效估测。

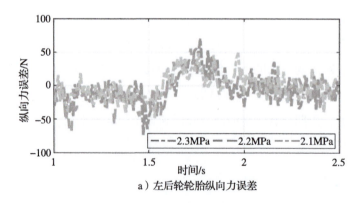

a）左后轮轮胎纵向力误差

图 3-11　制动脉冲压力大小变化对估测结果的影响（$\mu = 0.8$；$v_{x0} = 100\text{km/h}$）

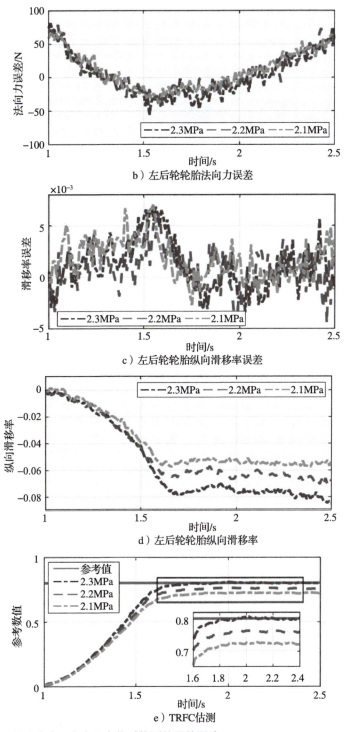

b）左后轮轮胎法向力误差

c）左后轮轮胎纵向滑移率误差

d）左后轮轮胎纵向滑移率

e）TRFC估测

图 3-11　制动脉冲压力大小变化对估测结果的影响（$\mu = 0.8$；$v_{x0} = 100\text{km/h}$）（续）

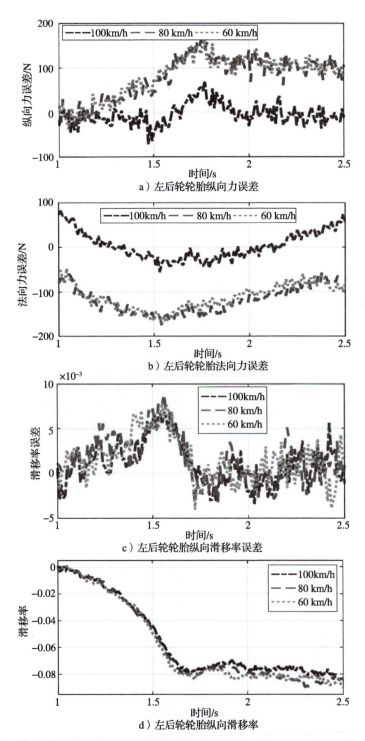

a）左后轮轮胎纵向力误差

b）左后轮轮胎法向力误差

c）左后轮轮胎纵向滑移率误差

d）左后轮轮胎纵向滑移率

图 3-12　初速度变化对估测结果的影响（$\mu = 0.8$；$p_s = 2.3\text{MPa}$）

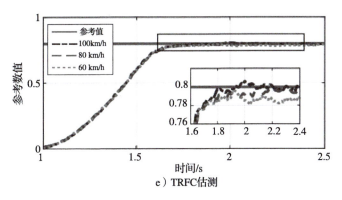

e）TRFC估测

图 3 – 12　初速度变化对估测结果的影响（$\mu = 0.8$；$p_s = 2.3\text{MPa}$）（续）

3.8 本章小结

　　在本章中，我们提出了一种更实用的 TRFC 估测方法，可根据短时间制动脉冲引起的纵向动态响应来估测路面车辆的 TRFC。结果表明，TRFC 估测的准确性在很大程度上取决于制动输入引起的滑移率的大小，而这可能会对车辆运动造成不合理的干扰。所提出的两阶段 TRFC 估测算法的第一阶段主要确保找出准确 TRFC 估测所需的最小制动脉冲压力，以减少其对车辆前进运动的影响。随后在第二阶段提出了一种新的 CUKF 算法，以提高 TRFC 估测的准确性和收敛速度。该算法一个显著的特点是，可以根据所需的估测精度获得定性或定量的估测结果。这两个阶段并非都是必要的，当定性结果可以被接受时，第二阶段可以变得不必要。考虑到不同的路面条件和初始车速，并使用 CarSim 的高保真全车模型进行模拟，所提出的估测方法的有效性得到了验证。估测的 TRFC 将在下一章中与轨迹规划相结合，以展示 TRFC 在自动驾驶车辆轨迹生成中的重要性。

自动驾驶车辆路面附着系数
估测与智能控制技术

第 4 章

自动驾驶汽车自适应变道轨迹规划

4.1 引言

自动驾驶汽车（AVs）具有多方面的优势，如加强道路安全性、有效提高交通流量管理、降低油耗和排放等。因此在过去几十年里，自动驾驶汽车的发展吸引了人们的大量关注[3]。轨迹规划是自动驾驶的重要组成部分，也是实现自动驾驶的关键因素，它涉及如何在保证乘员舒适度的前提下，生成满足安全要求和运动模型或状态约束的轨迹。

在各种驾驶行为中，变道是日常驾驶中最常见的操作。因此，变道操作已成为自动驾驶汽车轨迹规划领域的主要研究重点[65,68,114,115]。然而，如何生成一条安全舒适的变道轨迹是相当复杂的，它涉及横向和纵向两个方向的运动，而这些运动又受到车道边界和交通规则的限制[10,11]。而实时变化的道路状况和交通流，以及前车的速度变化，更是进一步增加了变道轨迹规划的复杂性[116]。

车辆的方向控制和路径跟踪受到轮胎与路面接触面所产生力的强烈影响，对于给定的法向载荷，这些力主要受 TRFC 的控制[16,117]。因此，TRFC 与道路车辆的方向控制和驾驶安全密切相关，而方向控制和驾驶安全可能因道路和环境条件的不同而有很大差异。由于自动驾驶汽车应具备适应不同的路况的能力[118]，因此该系数尤为重要。在路径规划中提前考虑路面附着系数的限制，可以保证生成的轨迹在物理上是可行的，此外还应能实现过去研究中已经实现的目标，包括保证驾驶的舒适性和生成路径曲率的连续性。有了 TRFC 相关知识，轨迹跟踪控制器的设计也可以大大简化。然而，将 TRFC 与轨迹规划模块相结合的方法尚未得到充分研究。虽然目前有一些研究在生成轨迹时考虑了路面附着系数，如文献[56，58，65，89]，但其局限性显而易见，总结如下：

1）大多数研究报告都将 TRFC 作为基于摩擦椭圆的系统约束条件。然而，所获得的基于摩擦的约束条件（如加速度限制）与舒适度要求相比过于松弛。

2）舒适性要求所定义的上限总是被设定为固定值，当 TRFC 发生变化时，这在物理上可能并不可行，尤其是对于低附着系数的道路。

3）现有方法中 TRFC 的变化范围很小，而且只考虑了一种或两种不同的路面附着系数条件。TRFC 的变化对生成轨迹的影响尚且没有得到充分研究。

如何实现更像人类甚至个性化的驾驶方式是关系自动驾驶汽车普及化的另一个重要因素。虽然在自动驾驶公交车[119]和乘用车[120,121]方面已经进行了初步尝试，但如何有效地模仿优秀的驾驶员仍然是一项重要的技术挑战。此外，轨迹规划方案的结果对前进速度变化的灵敏度尚未得到充分研究。

值得注意的是，考虑到乘员舒适性和车辆稳定性，对车辆动态状态的限制通常没有明确定义。受上述限制的启发，本章提出了一种计算高效的轨迹规划算法，适用于大范围不同前进速度场景下的典型变道驾驶行为，并充分考虑TRFC。该算法使用了一个七阶多项式函数来表示变道轨迹，其连续性可保证曲率导数（急动度）。在进行轨迹规划时，考虑了多种路面附着系数条件和前进速度，并可根据乘客的个性化偏好轻松定制生成轨迹的主要特征。

图 4-1 展示了自动驾驶车辆在目标车道附近无车辆的典型变道场景。同一车道上主车（H）和前车（P）的前进速度分别用 v_H 和 v_P 表示，其中 v_H 为恒定值，$v_H > v_P$。假定在 H 执行车道变更之前，两辆车都位于当前车道的中心线上。随着 H 和 P 之间相对纵向距离的减小，H 需要逐渐从当前车道转向目标车道，以避免发生潜在碰撞。S 和 E 分别代表 H 在变道动作开始和结束时的坐标，t_s 和 t_e 是相应的瞬时时间。L_x 定义 H 在变道过程中行驶的纵向距离，该距离以重心（CG）位置为参照进行测量。H 和 P 的相对位置和速度信息很容易从车载传感器中获得。在进行轨迹规划时，假设 TRFC 在变道操作之前（位置 S 之前）已经使用作者文章[122，123]中介绍的 TRFC 估算算法估算得到。出于安全考虑，应根据车辆尺寸仔细确定两辆车在起点 S 处 CG 之间的相对距离（d_s）。不过，要选择最佳 d_s，可能需要对 H 和 P 进行运动预测。由于可以提供更准确的周围车辆运动预测，文献［67，68］对基于 V2VC 的变道轨迹规划进行了研究。然而，这些方法可能会引发一些与通信相关的问题，从而使简单的变道轨迹规划过程变得复杂。因此，本章研究侧重于仅使用 AVs 的车载传感器进行变道轨迹规划。

考虑到人类驾驶员在开始变道操作时，在不确切了解其他车辆状态的情况下，总是使用定性意义上的安全裕度距离，因此，最小阈值 d_s、d_{th} 可以通过假定自动驾驶汽车可能会遇到更糟糕的情况来合理地定义出来。这一假设与文献［124］中提出的制定安全距离的基本思想不谋而合。为了减少对交通的影响，主车 H 在 $d_s = d_{th}$ 的位置开始变道操作。由于 AVs 将在具有不同路面附着系数条件的各种道路上行驶，因此典型的变道问题转化为如何寻找一条平滑连接点 S 和点 E 的轨迹，且同时满足舒适性和路面附着系数限制。值得注意的是，考虑到变道过程中的驾驶舒适性，人类驾驶员更倾向于假设 H 保持恒定的前进速度。

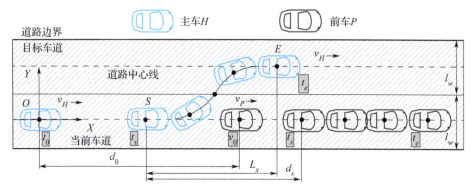

图 4-1　典型变道场景示意图

4.2　自动换道的舒适性标准

为了实现舒适自动驾驶的轨迹规划，舒适性标准的选择是第一个挑战，由于使用的方法不同或涉及的目标不同，舒适性标准的选择可能会有很大差异。本节结合人类驾驶员的驾驶特性，对关于驾驶舒适性的加速度和急动度阈值的研究进行了回顾，试图为舒适的变道驾驶操作建立更合适、通用的标准。

4.2.1　加速度和急动度标准

车辆的加速度及其急动度极大地影响了乘客的安全性和舒适性[120,125]。由于本章考虑的是笔直平坦的道路，因此纵向和横向加速度及其相关的急动度被视为影响乘员乘坐舒适性的主要因素。过去的研究在变道驾驶操作过程中采用了不同的舒适阈值。文献[119]考虑到自动驾驶公共穿梭巴士上坐着和站着的乘客，将纵向和横向的加速度和急动度舒适阈值分别设置为 $0.9\,\mathrm{m/s^2}$ 和 $0.6\,\mathrm{m/s^3}$。在设计变道驾驶操作的期望轨迹时，考虑到乘客的乘坐舒适性和变道时间，横向加速度和急动度阈值分别选为 $0.05g$ 和 $0.1g/\mathrm{s}$[126]。文献[61]将弯道变道时的最大横向加速度和最大横向急动度分别设计为 $0.1g$ 和 $0.1g/\mathrm{s}$。

不过，上述加速度和急动度阈值对于自动驾驶变道操作来说可能过于保守。这是因为急动度阈值 $1.0\mathrm{m/s^3}$（约 $0.1g/s$）的数量级与横向急动度范围（$0.3 \sim 0.9\mathrm{m/s^3}$）相当，而横向急动度 $0.3 \sim 0.9\mathrm{m/s^3}$ 范围被建议用于确定最小水平道路曲线半径[127]。此外，在常见的行驶速度（$0 \sim 20\mathrm{m/s}$）范围内，人类控制车辆的横向加速度可以轻松超过 $3 \sim 4\mathrm{m/s^2}$[128]。在地铁、有轨电车和公共汽车等日常交通工具中，有研究称初始纵向和横向加速度可达 $2.0\mathrm{m/s^2}$ 和 $4.0\mathrm{m/s^2}$，而初始急动度则从纵向 $1.5\mathrm{m/s^3}$ 到横向 $3.5\mathrm{m/s^3}$ 不等[129]。一些研究认为，对于非常舒适和中等舒适的车道变化，横向加速度阈值分别为 $1.8\mathrm{m/s^2}$ 和 $3.6\mathrm{m/s^2}$，而 $5.0\mathrm{m/s^2}$ 的加速度阈值视为不舒适的变道操作[130,131]。文献[132]的研究表明，当横向加速度峰值达到 $2.0\mathrm{m/s^2}$ 时，急动度峰值达到 $3.5\mathrm{m/s^3}$ 时，乘客的感受仍是舒适的。当最大加速度接近 $4.5\mathrm{m/s^2}$ 和最大急动度接近 $10.9\mathrm{m/s^3}$ 时，会让乘客感到非常不适。文献[133]综合考虑了路况、发动机功率和乘客舒适度等因素，建议从车辆自动化角度出发，加速度和急动度应在 $[-5, 3]$ $\mathrm{m/s^2}$ 和 $[-5, 5]$ $\mathrm{m/s^3}$ 的范围内。文献[134]建议，为保证乘客舒适，最大横向急动度为 $2.4\mathrm{m/s^3}$；为保证乘客安全，超车时的急动度阈值为 $5\mathrm{m/s^3}$。另一项研究认为，纵向加速度在 $0.11g \sim 0.15g$ 之间对公共交通乘客来说是可以接受的，而急动度大于 $0.30g/s$ 则不被建议[135]。文献[58]将变道期间的纵向加速度限制为 $2\mathrm{m/s^2}$，以保证驾驶行为的舒适性，这与过去研究中的人类驾驶员即使在高曲率道路上也能控制纵向加速度的极限值一致[128]。文献[65]将自车变道时纵向和横向的绝对加速度和急动度限制分别设定为 $2\mathrm{m/s^2}$ 和 $5\mathrm{m/s^3}$。

根据过去研究中建议的加速度和急动度限制，考虑到实际的前进速度范围和路况，可以推断出纵向和横向加速度分别为 $2\mathrm{m/s^2}$ 和 $3.6\mathrm{m/s^2}$ 的舒适阈值将足以满足变道驾驶操作的要求。此外，如文献[65, 133, 134]中建议的，相关的横向急动度阈值应限制在 $5\mathrm{m/s^3}$。本章中的轨迹规划以这些阈值为基础，这些阈值限制可以在多种场景下给自动驾驶汽车足够的机动性能空间。

4.2.2　人类驾驶员的变道特征

根据加速度和急动度阈值规划的变道轨迹可能与人类驾驶员的轨迹不同。在轨迹规划过程中考虑到人类驾驶员的特点，可以为乘员提供更自然的驾驶体验，从而提高驾驶舒适性[121]。这包括识别最大横向速度和加速度，以及人类变道驾驶过程持续时间范围。文献[136]基于车道宽度为 $3.7\mathrm{m}$ 的高速公路的变道数据，对这三个参数进行了综合统计分析。结果表明，超过80%的人类驾驶员的最大横向速度和加速度以及总变道时间分别在 $[0.8, 2.4]$ m/s，$[0.5, 4.0]$ m/s^2 和 $[2.3, 6.3]$ s 范围内。文献[137]通过考虑高速公路上的各种交通状况，总结发现乘用车单次变道操作的平均持续时间为4.6s。为了在轨迹规划过程中尽可能地考虑人类驾驶员特性，换道过程中三个关键参数的范围的选取以已有的范围统计为基础，具体取值将在4.4.3节中详细介绍。

4.3 自动变道规划方案

4.3.1 七阶多项式轨迹

五阶多项式具有曲率平滑、表达式封闭、计算简单等优点，已被广泛用于变道轨迹规划[54,68,134,138]。然而，五阶多项式轨迹只能保证曲率的连续性。曲率的导数（急动度）可能在起点发生突变，而在变道操作的终点不会收敛于零。这可能会造成某些不适，对于变道轨迹规划来说是不可接受的。为了实现更舒适的驾驶体验，我们希望在变道过程的两端实现零变化率的轨迹。基于五次多项式曲线的简洁形式[55]，设计七阶多项式变道轨迹的计算公式为

$$Y(x) = l_w \sum_{i=1}^{4} a_i \left(\frac{x}{L_x} \right)^{3+i}, \ x \in [0, L_x] \tag{4-1}$$

式中，l_w 是车道宽度；x 是 H 相对于 S 的纵向位置；$Y(x)$ 表示 H 和 a_i 的横向位置。之所以选择七阶，是因为七阶是实现急动度连续性所需的最小阶数。虽然 $Y(x)$ 的导数与车道垂直，而不是与车辆的纵向垂直，但在考虑到 $L_x \gg l_w$ 的正常情况下使用 $\dot{Y}(x)$、$\ddot{Y}(x)$ 和 $\dddot{Y}(x)$ 表示横向速度、加速度和急动度仍然是合理的。从式（4-1）可以看出，车辆在起点（$x=0$）的横向位置、速度、加速度和急动度等状态自然为零。式（4-1）中的 a_i 系数通过以下方式确定，以满足变道操作结束时（$x=L_x$）的车辆状态约束：

$$Y(L_x) = l_w, \ \dot{Y}(L_x) = 0, \ \ddot{Y}(L_x) = 0, \ \dddot{Y}(L_x) = 0 \tag{4-2}$$

式（4-1）与上述条件的解为 $a_1 = 35$，$a_2 = -84$，$a_3 = 70$，$a_4 = -20$。将系数值代入式（4-1）即可得到设计的变道轨迹。对于恒定的前进速度 v_H，$Y(x)$

也可以表示为时间的函数，令式（4 – 1）中的 $x = v_H(t - t_s)$，这样就可以表示为时间的函数：

$$Y(t) = l_w \sum_{i=1}^{4} a_i \left[\frac{v_H(t - t_s)}{L_x} \right]^{3+i}, \ t \in [t_s, \ t_s + t_{slc}] \qquad (4-3)$$

式中，t 为当前时间；t_s 为变道动作开始的时间瞬间；t_{slc} 为变道持续时间，可近似计算为 L_x / v_H。在 $x = 0.5 L_x$ 或 $t = t_s + 0.5 t_{slc}$ 的中点的横向位置，以及变道过程中的最大横向速度、加速度和急动度的计算公式为

$$\begin{cases} Y_m = Y(x) \big|_{x = 0.5 L_x} = Y(t) \big|_{t = t_s + 0.5 t_{slc}} = 0.5 l_w \\[2mm] v_{ymax} = \big| \dot{Y}(x) \big|_{x = 0.5 L_x} \big| = 2.1875 l_w \frac{v_H}{L_x} = \frac{2.1875 l_w}{t_{slc}} \\[2mm] a_{ymax} = \big| \ddot{Y}(x) \big|_{x = 0.7236 L_x, x = 0.2764 L_x} \big| = 7.513 l_w \frac{v_H^2}{L_x^2} = \frac{7.513 l_w}{t_{slc}^2} \\[2mm] j_{ymax} = \big| \dddot{Y}(x) \big|_{x = 0.5 L_x} \big| = 52.5 l_w \frac{v_H^3}{L_x^3} \big| = \frac{52.5 l_w}{t_{slc}^3} \end{cases} \qquad (4-4)$$

图 4 – 2 比较了使用建议的七阶多项式轨迹和五阶多项式轨迹（$l_w = 3.5 \text{m}$，$L_x = 100 \text{m}$，$v_H^* = 72 \text{km/h}$，$X_S = 0 \text{m}$）获得的横向位置、速度、加速度和急动度响应。如图 4 – 2b ~ d 所示，七阶多项式轨迹不仅保留了五阶多项式曲线的优点，而且还确保了急动度从零到零的平稳变化。在相同的 L_x 条件下，七阶轨迹的最大横向速度、加速度和急动度略高。这些结果还表明，在七阶多项式与五阶多项式轨迹达到相同的最大极限时，七阶轨迹需要更长的 L_x，这是为实现更平滑运动轨迹的代价。

4.3.2　安全约束

确定起点 S 的坐标是为了与车辆 P 保持安全距离，避免可能发生的碰撞。关于如何设计这种变道驾驶操作安全距离的综合研究，请参阅文献[124]。在此，我们提出一种设计安全距离的简单方法，即考虑一种车辆 H 可能遇到的最坏情况：前车 P 突然施加最大制动直到其完全停止。在这种情况下，P 的最大减速度（a_P^m）可表示为 μg，其中 μ 和 g 分别为 TRFC 和重力加速度。前车到达完全停止的时间间隔可求得：$t_{stop} = v_P / \mu g$。在这种情况下，假设前车开始制动

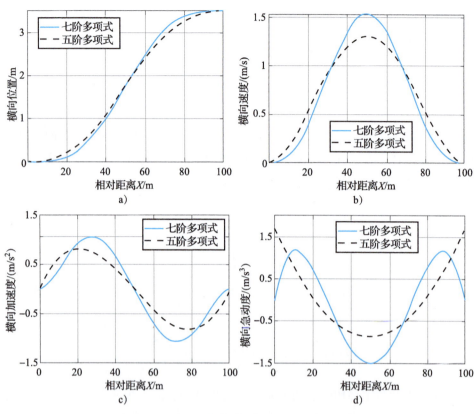

图4-2 七阶多项式轨迹与五阶多项式轨迹对比

$(L_w = 3.5\mathrm{m}, \ L_x = 100\mathrm{m}, \ v_H^* = 72\mathrm{km/h}, \ X_S = 0\mathrm{m})$

时，主车保持前进速度，这就需要在初始相对距离d_s的基础上增加额外的安全裕度。考虑到中点（Y_m）的横向位置为$0.5 l_w$，H需要$0.5 t_{slc}$才能越过当前车道和目标车道之间的边界。如果将d_s设置为d_{th}，并且P从变道起始时间瞬间t_s开始以最大减速度制动，则H穿过车道边界时H和P之间的相对距离（d_c）的计算公式为

$$d_c = \begin{cases} d_s + v_P t_{stop} - v_H \dfrac{\tilde{t}_{slc}}{2} - \dfrac{a_P^m}{2}\left(\dfrac{t_{stop}}{2}\right)^2, & \text{if } t_{stop} \leqslant \dfrac{\tilde{t}_{slc}}{2} \\[4mm] d_s + (v_P - v_H)\dfrac{\tilde{t}_{slc}}{2} - \dfrac{a_P^m}{2}\left(\dfrac{\tilde{t}_{slc}}{2}\right)^2, & \text{else} \end{cases} \qquad (4-5)$$

式中，$\tilde{t}_{slc}$是用于预测H和P车辆在变道操作过程中位置的持续时间。为了避免碰撞，假设H和P的尺寸相同，H和P的CG之间的纵向距离d_c应大于车辆长度（l_v）。因此，开始变道的初始距离d_s应满足：

$$d_s \geqslant \begin{cases} v_H \dfrac{\tilde{t}_{slc}}{2} - v_P t_{stop} + \dfrac{a_P^m}{2}\left(\dfrac{t_{stop}}{2}\right)^2 + l_v, & \text{if } t_{stop} \leqslant \dfrac{\tilde{t}_{slc}}{2} \\[3mm] (v_H - v_P)\,\dfrac{\tilde{t}_{slc}}{2} + \dfrac{a_P^m}{2}\left(\dfrac{\tilde{t}_{slc}}{2}\right)^2 + l_v, & \text{else} \end{cases} \qquad (4-6)$$

变道动作开始时的最小安全距离（或称阈值距离）d_{th} 选定为

$$d_{th} = \begin{cases} v_H \dfrac{\tilde{t}_{slc}}{2} - v_P t_{stop} + \dfrac{a_P^m}{2}\left(\dfrac{t_{stop}}{2}\right)^2 + l_v, & \text{if } t_{stop} \leqslant \dfrac{t_{slc}}{2} \\[3mm] (v_H - v_P)\dfrac{\tilde{t}_{slc}}{2} + \dfrac{a_P^m}{2}\left(\dfrac{\tilde{t}_{slc}}{2}\right)^2 + l_v, & \text{else} \end{cases} \qquad (4-7)$$

如 4.2.2 节所述，超过 80% 的人类驾驶员的变道持续时间在 2.3 ~ 6.3s 之间。因此认为以 $\tilde{t}_{slc} = 6.3s$ 来估算 d_{th} 是完全充分和合理的。

4.3.3 舒适约束

由于目标车道附近没有车辆，因此规划的轨迹主要取决于乘员的舒适度，这可能与舒适度约束内的加速度和急动度有关[65,68]。过去轨迹规划的研究一般只考虑固定的舒适度约束，而不考虑速度和路面附着系数。然而，车辆前进速度和路面附着系数的变化可能会对车辆行驶过程中的加速度和急动度极限产生影响[11]。考虑适应车辆前进速度和 TRFC 的舒适度上限值，可以实现更有效的轨迹规划。

在 4.3.1 节中确定的纵向和横向加速度以及横向急动度的舒适极限分别为 $a_{xmax} \leqslant 2m/s^2$，$a_{ymax} \leqslant 3.6m/s^2$ 和 $j_{ymax} \leqslant 5m/s^3$，超过 80% 的人类驾驶员的最大横向速度（$v_{ymax}$）和变道持续时间分别位于 [0.8, 2.4] m/s 和 [2.3, 6.3] s 范围内。值得注意的是，从式（4-4）中可以看出，七阶变道轨迹的主要特征是相互关联的。例如，可以根据给定的 v_{ymax} 计算出 a_{ymax}、j_{ymax} 和 t_{slc}。综合考虑各特性，得到变道操作主要特性的舒适度极限：

$$\begin{cases} a_{xmax}^{low} \leqslant \mid a_{xmax} \mid \leqslant a_{xmax}^{up} \\[2mm] a_{ymax}^{low} \leqslant \mid a_{ymax} \mid \leqslant a_{ymax}^{up} \\[2mm] v_{ymax}^{low} \leqslant \mid v_{ymax} \mid \leqslant v_{ymax}^{up} \\[2mm] j_{ymax}^{low} \leqslant \mid j_{ymax} \mid \leqslant j_{ymax}^{up} \\[2mm] t_{slc}^{low} \leqslant t_{slc} \leqslant t_{slc}^{up} \end{cases} \qquad (4-8)$$

式中，所有约束参数的取值见表 4-1。

表 4-1　设计的约束参数

参数	数值	单位	参数	数值	单位
$a_{x\max}^{\text{low}}$	0	g	$v_{y\max}^{\text{up}}$	2.3	m/s
$a_{x\max}^{\text{up}}$	0.204	g	$j_{y\max}^{\text{low}}$	0.0749	g/s
$a_{y\max}^{\text{low}}$	0.0675	g	$j_{y\max}^{\text{up}}$	0.510	g/s
$a_{y\max}^{\text{up}}$	0.246	g	$t_{\text{slc}}^{\text{low}}$	3.3	s
$v_{y\max}^{\text{low}}$	1.2	m/s	$t_{\text{slc}}^{\text{up}}$	6.3	s

1. TRFC 自适应加速度限制

显而易见的是，最大纵向和横向加速度会随着 TRFC 的增加而发生正向变化。对于附着系数很低的道路（例如 $\mu = 0.2$），表 4-1 中设计的纵向和横向加速度上限 $a_{x\max}^{\text{up}}$ 和 $a_{y\max}^{\text{up}}$ 虽然都在舒适度范围内，但是其在实际中无法实现。为了解决这一问题，提出一种直接方法：设计随 TRFC 变化的自适应加速度极限。基于摩擦椭圆，可计算出两个极限摩擦值，分别记为 μ_{m} 和 μ_{o}：

$$\mu_{\text{m}} = \frac{\sqrt{\left(a_{x\max}^{\text{up}}\right)^2 + \left(a_{y\max}^{\text{up}}\right)^2}}{g}, \quad \mu_{\text{o}} = \frac{\sqrt{\left(a_{x\max}^{\text{low}}\right)^2 + \left(a_{y\max}^{\text{low}}\right)^2}}{g} \qquad (4-9)$$

其值见表 4-1。当 $\mu < \mu_{\text{o}}$ 时，变道操作被认为是不安全的。然而，最常见道路的 TRFC 通常大于 μ_{o}。理论上，只有当 $\mu > \mu_{\text{m}}$ 时，才有可能将 $a_{y\max}$ 设为 $a_{y\max}^{\text{up}}$ 的值。当 $\mu_{\text{o}} \leqslant \mu \leqslant \mu_{\text{m}}$ 时，假设 $a_{y\max}(\mu_{\text{o}}) = a_{y\max}^{\text{low}}$，$a_{y\max}(\mu_{\text{m}}) = a_{y\max}^{\text{up}}$，$a_{y\max}$ 可以简单地设计为 TRFC 的线性函数。该线性函数的斜率表示为

$$K = \frac{a_{y\max}(\mu_{\text{m}}) - a_{y\max}(\mu_{\text{o}})}{\mu_{\text{m}} - \mu_{\text{o}}} = \frac{a_{y\max}^{\text{up}} - a_{y\max}^{\text{low}}}{\mu_{\text{m}} - \mu_{\text{o}}} \qquad (4-10)$$

线性 TRFC 自适应横向加速度极限（L-AccLim）表示为

$$a_{y\max}^{\text{I}}(\mu) = \begin{cases} \dfrac{a_{y\max}^{\text{up}} - a_{y\max}}{\mu_{\text{m}} - \mu_{\text{o}}}(\mu - \mu_{\text{o}}) + a_{y\max}^{\text{low}}, & \mu_{\text{o}} \leqslant \mu \leqslant \mu_{\text{m}} \\ a_{y\max}^{\text{up}}, & \mu > \mu_{\text{m}} \end{cases} \qquad (4-11)$$

然而，这种方法会使一定 TRFC 范围内的可用纵向加速度非常有限，尤其是在中低摩擦路面。为了避免这种限制，可以在允许的 $a_{y\max}$ 和可用加速度 μg 之

间引入适当的裕度，以确保车辆在远低于路面附着极限的情况下也能够正常行驶。因此设计一个二次函数，允许 a_{ymax} 以相对较慢的速度随 TRFC 增加。a_{ymax} 在 $\mu=\mu_p$ 时增加至其上限 a_{ymax}^{up}（其中 μ_p 取 $2\mu_m$ 以留出加速度裕度）。由于在中低摩擦路面上允许的 a_{ymax} 幅值较小，因此与 L-AccLim 相比，新设计的基于二次函数的加速度限制将带来更安全、更舒适的变道操作。值得注意的是，尽管本书只考虑恒定的前进速度，但由此产生的冗余纵向加速度也为以后进行变速轨迹规划算法设计留出空间。基于二次函数的 TRFC 自适应横向加速度极限 $[\text{Q-AccLim}, a_{ymax}^{Q}(\mu)]$ 描述如下：

$$a_{ymax}^{Q}(\mu) = \begin{cases} b_0 + b_1\mu + b_2\mu^2, & \mu_o \leq \mu \leq \mu_p \\ a_{ymax}^{up}, & \mu > \mu_p \end{cases} \qquad (4-12)$$

式中，b_0、b_1 和 b_2 是三个待定系数。上述函数满足以下边界条件：

$$a_{ymax}^{Q}(\mu_o) = a_{ymax}^{low}, \quad a_{ymax}^{Q}(\mu_p) = a_{ymax}^{up} \qquad (4-13)$$

假定 a_{ymax}^{Q} 的一阶导数在 $\mu=\mu_p$ 处连续，以确保 a_{ymax}^{Q} 的变化更加平滑，即

$$\dot{a}_{ymax}^{Q}(\mu_p) = 0 \qquad (4-14)$$

将式（4-13）和式（4-14）代入式（4-12），可得到系数 b_0、b_1 和 b_2，其获取方法如下：

$$\begin{bmatrix} b_0 \\ b_1 \\ b_2 \end{bmatrix} = \begin{bmatrix} 1 & \mu_o & \mu_o^2 \\ 1 & \mu_p & \mu_p^2 \\ 0 & 1 & 2\mu_p \end{bmatrix}^{-1} \begin{bmatrix} a_{ymax}^{low} \\ a_{ymax}^{up} \\ 0 \end{bmatrix} \qquad (4-15)$$

将系数代入式（4-12）即可得到 Q-AccLim。图 4-3a 比较了 Q-AccLim 和 L-AccLim 随 TRFC 的变化，图 4-3b 显示了低摩擦和中摩擦道路（μ 取 $0.1 \sim 0.5$）上可用纵向加速度的变化。

2. 速度自适应急动度限制

虽然七阶多项式轨迹可保证直至急动度的连续性，但为了确保舒适性和安全性，应限制最大横向急动度 j_{ymax}。从式（4-4）中可以明显看出，j_{ymax} 越大，变道速度越快，持续时间越短，横向加速度和速度越大。虽然最大横向急动度的上限被限制为 5m/s^3（表 4-1），但当前进速度较大时，仍可能导致不舒适甚

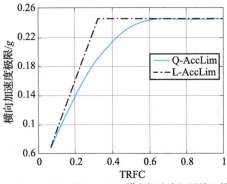 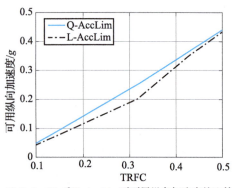

a) Q-AccLim和L-AccLim横向加速度极限的比较　　b) Q-AccLim和L-AccLim下可用纵向加速度的比较

图4-3　横向与纵向加速度限制

至不安全的驾驶操作。有鉴于此，为提高舒适性和安全性，设计一个速度自适应的急动度约束是必要的。

一般来说，j_{ymax}可以设计为随着前进速度而逐渐减小。当车速从0增加到速度极限（v_{lim}）时，设计的j_{ymax}会从j_{ymax}^{up}减小到j_{ymax}^{low}。这是因为车辆在低速行驶时，较大急动度对应的更快的变道操作更容易被接受；而在高速行驶时，为了安全起见，应确保较小的急动度。考虑到城际公路（城市）和不区分车道的道路（农村）的日间限速分别为70~100km/h和80~90km/h，因此阈值速度（v_{th}）选定为80km/h。当车速超过v_{th}时，设计的j_{ymax}应迅速减小，以确保驾驶安全性和舒适性。相反，低速和中速的j_{ymax}设计值应保持在限制值附近的范围内，以便及时及迅捷地进行变道操作。为了减少对交通的影响，通过将设计的j_{ymax}设为最大允许值来保持最短的变道持续时间。在此基础上，将速度适应的急动度极限设计为分段函数：

$$j_{ymax}(v_H^*) = \begin{cases} c_1(v_H^*/v_{lim})^2 + c_2, & 0 \leqslant v_H \leqslant v_{th} \\ c_3 c_4^{(v_H^* - v_{th})/(v_{lim} - v_{th})} + c_5, & v_{th} < v_H \leqslant v_{lim} \end{cases} \quad (4-16)$$

式中，v_H^*、v_{lim}和v_{th}分别为主机车辆的前进速度、极限速度和阈值速度，单位为km/h。假设典型的行驶速度为0~120km/h，则v_{lim}选为120km/h，$c_1 \sim c_5$为常数。上述函数在零速度和极限速度时满足以下边界条件：

$$j_{ymax}(0) = j_{ymax}^{up}, \quad j_{ymax}(v_{lim}) = j_{ymax}^{low} \quad (4-17)$$

如文献[137]所示，轿车在高速公路上的平均变道时间为4.6s。根据式（4-4），可以计算出相应的最大横向急动度为$j_{y\max} = 0.1924g/s$。为了保证车辆行驶的舒适性和安全性，在高速行驶时（$v_H^* > v_{th}$），设计的$j_{y\max}$不应大于$j_{y\max}^m$。因此，我们将v_{th}时的$j_{y\max}$设为$j_{y\max}^m$。此外，我们还假定设计的$j_{y\max}$在一阶导数之前是连续的，以确保横向急动度极限的平滑变化。因此，设计的$j_{y\max}$应满足以下条件：

$$\begin{cases} j_{y\max}(v_{th}) = j_{y\max}^m \\ c_1(v_{th}/v_{\lim})^2 + c_2 = c_3 + c_5 \\ 2c_1 v_{th}/(v_{\lim}^2) = c_3 \ln c_4/(v_{\lim} - v_{th}) \end{cases} \tag{4-18}$$

通过式（4-17）和式（4-18），可以求解$c_1 \sim c_5$这五个系数。c_1和c_2表示为

$$c_1 = (j_{y\max}^m - j_{y\max}^{up})/(v_{th}/v_{\lim})^2, \quad c_2 = j_{y\max}^{up} \tag{4-19}$$

而c_3和c_5则表示为

$$c_3 = (j_{y\max}^{low} - j_{y\max}^m)/(c_4 - 1), \quad c_5 = j_{y\max}^m - c_3 \tag{4-20}$$

式中，c_4满足下式：

$$(j_{y\max}^{low} - j_{y\max}^m)\ln(c_4) + 2c_1 v_{th}(v_{\lim} - v_{th})(1 - c_4)/(v_{\lim})^2 = 0 \tag{4-21}$$

通过式（4-21）解出c_4后，根据式（4-20）即可得到c_3和c_5。图4-4展示了根据上述关系求得的速度自适应急动度极限。

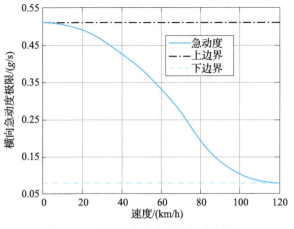

图4-4　设计的速度自适应急动度极限

4.3.4 轨迹规划流程

在沿着当前车道中心线行驶时，首先使用文献[122，123]中提出的算法基于纵向动力学估测 TRFC。在 TRFC 估测后，H 的速度恢复到初始的前进速度。由于 $v_H > v_P$，H 和 P 之间的初始距离（d_0）逐渐减小到 d_{th}，此时变道操作开始，H 的相应纵向位置标记为 X_S。根据现有的 μ 和 v_H 信息，根据式（4-12）和式（4-16）计算自适应横向加速度和急动度极限。从式（4-3）中可以看出，在确定了起始点后，只要知道 L_x 则规划轨迹已知。因此，现在将变道问题转化到寻找最优 L_x 值。由于 t_{slc} 可以近似为 L_x/v_H，因此 L_x 的最佳选择可以进一步转化为寻找给定 v_H 下的最优的 t_{slc}。

根据式（4-4），变道过程中的 a_{ymax} 和 j_{ymax} 可表示为

$$a_{ymax} = \frac{7.513\, l_w}{t_{slc}^2},\ j_{ymax} = \frac{52.5\, l_w}{t_{slc}^3} \tag{4-22}$$

a_{ymax} 和 j_{ymax} 都随着 t_{slc} 的增大而减小，在满足安全性和舒适性约束的情况下，以最短的变道持续时间为最优操作。因此，可以通过 t_{slc} 的最小值 t_{slc}^{min} 来选择允许的变道轨迹：

$$t_{slc}^{min} = \max\left\{\sqrt{\frac{7.513 l_w}{g a_{ymax}^{Q}(\mu)}},\ \sqrt[3]{\frac{52.5 l_w}{g j_{ymax}(v_H^{*})}}\right\} \tag{4-23}$$

选定 t_{slc}^{min} 后，计算 L_x 为 $v_H t_{slc}^{min}$，并据此确定规划轨迹。所提出的轨迹规划方案的框架如图 4-5 所示。

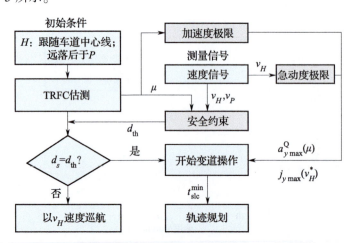

图 4-5 变道方案规划流程图（H 代表主车，P 代表前车）

4.4　仿真与结果分析

为了验证所提出的轨迹规划方案的性能，利用 MATLAB 和 CarSim 软件分别对不同前进速度和路面附着系数条件下的一系列道路场景进行了仿真。在 MATLAB/Simulink 环境中对选定的速度和 TRFC 进行轨迹规划，然后将其作为要遵循的目标路径反馈给 CarSim。通过观察 CarSim 平台中获得的车辆响应来评估所规划路径的可行性。

4.4.1　轨迹规划仿真

在本节中，对所提出的轨迹规划方案进行了不同场景的验证，其中前车 P 可能处于静止状态，也可能以不同的速度匀速行驶。在初始时刻 t_0，取全局坐标系 OXY（图 4−1）的原点为 H 的 CG，初始距离 d_0 设为 150m。关键参数选取如下：车辆长度 $l_v = 3.35$m；车辆宽度 $T = 1.74$m；车道宽度 $l_w = 3.5$m 和 $v_{lim} = 120$km/h。

1. 前车静止的情况

仿真假设前方车辆静止不动，这可能是由于车辆发生故障或事故造成的。考虑多种前进速度和路面附着系数进行轨迹规划，验证规划方案的有效性和鲁棒性。

（1）不同车速下的轨迹规划　由于低附着系数路面上安全的前进速度相对较低，为了安全考虑，我们选择了较高的 TRFC 值（$\mu = 0.8$），以覆盖较大的前进速度范围。并考虑车辆 H 以 5 种不同的前进速度（40km/h、60km/h、80km/h、100km/h、120km/h）进行路径规划和变道操作。图 4−6 显示了 H 的横向位置、速度、加速度和急动度随纵向位置的变化，以及前进速度的函数。从图 4−6a 可以看出，为保证安全，变道起点与静止车辆 P（距原点 150m）之间的距离随着前进速度的增加而增加，同时出于安全和舒适性的考虑，计划轨迹随着前进速度的增加而变得更加平滑。变道时所需的纵向行驶距离（L_x）也随着前进速度的增加而增加，这与设计变道持续时间一致。此外，前进速度越大，横向速度、加速度和急动度的最大值越小，如图 4 - 6b ~ d 所示。不同前进速度下变道过程中主要性能参数的绝对值见表 4 - 2，即最大横向速度（$v_{y\max}$）、加速度（$a_{y\max}$）和急动度（$j_{y\max}$）的绝对值，变道持续时间（t_{slc}）和起始位置（X_S）以及变道过程中行驶的距离（L_x）。考虑变道起始点和产生的横向加速度和急动度的最大值，结果表明所提出的规划方案能够保证变道操作的安全性和舒适性。

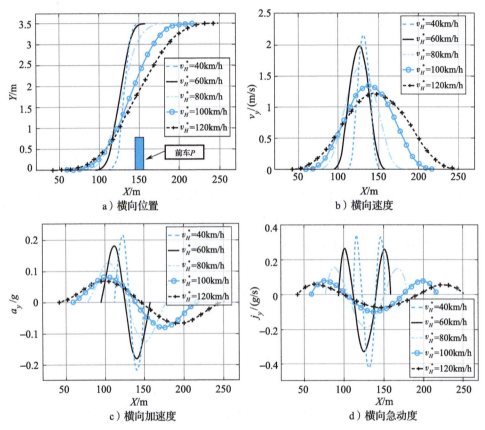

图 4 - 6　主车在不同速度下的横向位置、速度、加速度和急动度（$\mu = 0.8$，$v_P^* = 0\mathrm{km/h}$）

表 4 - 2　不同前进速度下变道过程中的主要性能（$\mu = 0.8$，$v_P^* = 0\mathrm{km/h}$）

$v_H^*/(\mathrm{km/h})$	$\lvert v_{y\max}\rvert/(\mathrm{m/s})$	$\lvert a_{y\max}\rvert/g$	$\lvert j_{y\max}\rvert/(g/s)$	X_S/m	L_x/m	t_{slc}/s
40	2. 18	0. 2176	0. 4306	111. 65	39. 08	3. 52
60	1. 99	0. 1820	0. 3314	94. 15	63. 96	3. 84
80	1. 66	0. 1276	0. 1924	76. 65	102. 23	4. 60
100	1. 34	0. 0826	0. 1013	59. 15	158. 24	5. 70
120	1. 22	0. 0675	0. 0749	41. 65	210. 01	6. 30

（2）不同路面附着系数下的轨迹规划　本节针对不同路面附着系数的直线道路上的变道操作，提出了轨迹规划方案。为了在大范围的附着系数条件下进行变道机动，选择主车较低的前进速度为 40km/h。在 5 个不同的路面附着系数值（0.1、0.3、0.5、0.7 和 0.9）下，实现变道操作的轨迹规划。考察路面附着系数变化对主车横向位置、速度、加速度和急动度的影响。

车辆状态与纵向位置的关系如图 4-7 所示。由于前车静止不动（$t_{stop}=0$），而主车以 40km/h 的速度匀速行驶，因此所有道路的变道起始位置相同，如图 4-7a 所示。由式（4-16）可知，40km/h 对应的最大允许急动度较大，因此低附着系数路面上的轨迹规划主要由侧向加速度极限决定，而侧向加速度极限受路面附着系数约束。从图 4-7c 可以看出，当路面附着系数小于 0.5 时，为了实现更快的变道操作，所需的最大横向加速度随路面附着系数的增加而增加。将路面附着系数增加到 0.5 会导致更高的峰值横向速度、加速度和急动度，如图 4-7b~d 和表 4-3 所示。然而，变道所需的纵向距离和持续时间随着路

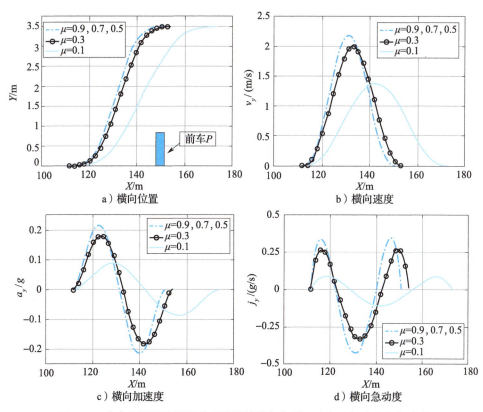

a）横向位置　　　　　　　　　　b）横向速度

c）横向加速度　　　　　　　　　d）横向急动度

图 4-7　主车在不同路面附着系数下的横向位置、速度、加速度和急动度

$(v_H^* = 40\text{km/h}, \ v_P^* = 0\text{km/h})$

表 4-3 不同摩擦条件下的主要性能 （$v_H^* = 40\text{km/h}$，$v_P^* = 0\text{km/h}$）

μ	$|v_{y\text{max}}|/(\text{m/s})$	$|a_{y\text{max}}|/g$	$|j_{y\text{max}}|/(g/s)$	X_S/m	L_x/m	t_{slc}/s
0.1	1.38	0.0872	0.1099	111.65	61.60	5.54
0.3	2.00	0.1832	0.3346	111.65	42.50	3.83
0.5	2.18	0.2167	0.4306	111.65	39.08	3.52
0.7	2.18	0.2167	0.4306	111.65	39.08	3.52
0.9	2.18	0.2167	0.4306	111.65	39.08	3.52

面附着系数的增加而减少。对于较高的 μ 值，横向响应受到限定限值的约束。然而，最大允许横向加速度并不总是随着路面附着系数的增加而增加。由于为舒适和安全驾驶而定义的约束与路面附着系数和前进速度有关，因此即使与路面附着极限相对应的横向加速度也可能远大于极限值，所需的最大横向加速度也趋于在 $0.2167g$ 时饱和。横向急动度峰值达到 $0.4306g/s$。

2. 前车移动的情况

随后，对前车移动的情况进行仿真，这是一个更有代表性的驾驶场景。由式（4-23）可以看出，$t_{\text{slc}}^{\min}$ 仅随设计的加速度极限 $a_{y\text{max}}^Q(\mu)$ 和急动度极限 $j_{y\text{max}}(v_H^*)$ 而变化。值得注意的是，无论如何，$a_{y\text{max}}^Q(\mu)$ 和 $j_{y\text{max}}(v_H^*)$ 都与路面附着系数 μ 和主车的前进速度 v_H^* 有关，而与前车前进速度 v_P 无关，见式（4-12）和式（4-16）。对于给定值 μ 和 v_H^* 时，在不考虑 v_P 的情况下，得到了变道轨迹的相同曲率。但是，起始点 S 相对于原点 X_S 的位置随着 v_P 的变化而变化，这是因为为了保证安全，阈值距离 d_{th} 会随着 v_P 的变化而变化，见式（4-7）。在较高的主车速度（$v_H^* = 120\text{km/h}$）和较高的路面附着系数（$\mu = 0.8$）的情况下进行变道轨迹规划，图 4-8a 显示了前车 v_H^* 为 20km/h、40km/h、60km/h、80km/h 和 100km/h 的五种不同速度下获得的轨迹，其中 v_P^* 是变换后的 v_P，单位为 km/h。结果清楚地显示出不同前车速度下有相同的路径曲率，与 v_P^* 无关。然而，随着 v_P 的增加，导致在相对于原点较远的相对位置 H 开始变道。由此产生的横向速度、加速度和急动度的峰值也相同，如图 4-8b ~ d 所示。

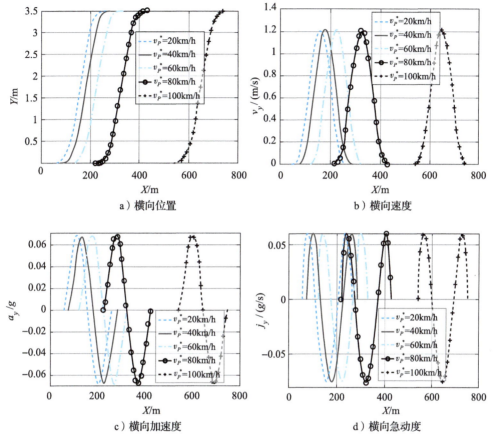

图 4-8　主车在不同前车速度下的横向位置、速度、加速度和急动度
$(\mu = 0.8,\ v_H^* = 120\text{km/h})$

　　为了清楚地显示前车车速 v_P^* 如何影响变道操作，把阈值距离 d_{th} 及两车速度差 $(v_D = v_H^* - v_P^*)$ 作为 v_P^* 的函数，同时绘制在图 4-9 中。考虑两种代表性情景 $(\mu = 0.8,\ v_H^* = 120\text{km/h};\ \mu = 0.4,\ v_H^* = 80\text{km/h})$。当 $\mu = 0.8$，$v_H^* = 120\text{km/h}$ 时，v_P^* 从 $0 \sim 100\text{km/h}$ 的范围内每隔 5km/h 计算一个对应的 d_{th}。当 $\mu = 0.4$，$v_H^* = 80\text{km/h}$ 时，v_P^* 从 $0 \sim 60\text{km/h}$ 的范围内每隔 5km/h 计算一个对应的 d_{th}。结果表明，阈值距离随 v_P^* 的增大（或 v_D 的减小）而减小，这与人类的驾驶经验一致，即当后车相对于前车的相对速度较高时，主车会留出更多的空间，以避免发生碰撞。

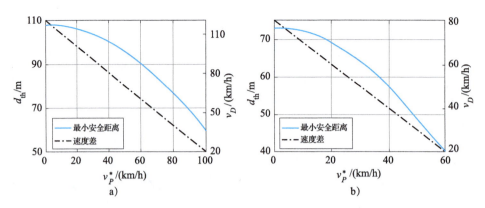

图4-9　阈值距离和相对速度随前车速度的变化

4.4.2　实现与仿真评估

本节使用 CarSim 中的高保真全车模型评估计划变道轨迹的可行性。CarSim 中提供的驾驶员模型模块用于计算在不同速度和路面条件下跟踪规划路径所需的转向角度。基于所提出的七阶多项式和经典的五阶多项式函数对所规划的轨迹进行了对比跟踪仿真。考虑两种情况（$\mu=0.8$，$v_H^*=120\text{km/h}$；$\mu=0.4$，$v_H^*=80\text{km/h}$），静止前车初始位于主车前方 150m 处。CarSim 中提供的典型 C 级车的整车模型用于验证两种变道场景的路径跟踪。整车模型关键参数见表4-4。驾驶员模型参数，即驾驶员预览时间和驾驶员滞后时间，参考文献[139]分别设置为 0.75s 和 0.15s。

表4-4　整车模型关键参数

符号	参数	数值	单位
m	整车质量	1416	kg
l_f	CG 与前轴之间的距离	1.016	m
l_r	CG 与后轴之间的距离	1.562	m
t_d	轨道宽度	1.539	m
T	车辆宽度	1.739	m
l_v	车辆长度	3.35	m
R_e	有效轮胎半径	0.316	m
h_c	CG 高度	0.54	m
C_{yf}	前轴转弯刚度	94	kN/rad
C_{yr}	后轴转弯刚度	76	kN/rad

图 4 – 10 展示了在 $\mu = 0.8$ 和 $v_H^* = 80km/h$ 的情况下，CarSim 车辆在横向位置、速度、加速度和轮胎滑移角下对所提出的七阶轨迹的响应。结果表明，车辆能够很好地跟踪规划的七阶轨迹，峰值跟踪误差较小。图 4 – 11 进一步比较了所提出的七阶多项式轨迹与五阶多项式轨迹的跟踪误差。从图 4 – 11a 和图 4 – 11b 可以看出，横向位置和速度的跟踪误差明显小于五阶轨迹的跟踪误差。如图 4 – 11c 所示，从横向加速度误差峰值来看，五阶轨迹与七阶轨迹相当。然而，在变道起点和终点附近观察到更严重的振荡。这是由于在相应的时间瞬间，期望的五阶轨迹侧向急动度发生了急剧变化，如图 4 – 11d 所示。

在道路 $\mu = 0.3$，$v_H^* = 80km/h$ 时，所提出的七阶轨迹的跟踪结果如图 4 – 12 所示。如图 4 – 12b 和 c 所示，可以观察到横向速度和加速度与期望值的较大偏差。这是因为在这种情况下适应性较差。所提出的七阶轨迹和五阶轨迹的跟踪误差如图 4 – 13a ~ c 所示。虽然两种轨迹的横向位置误差大小相近，但七阶轨迹的横向速度跟踪误差明显较小。由于在变道操作的起始点和终点期望的横向

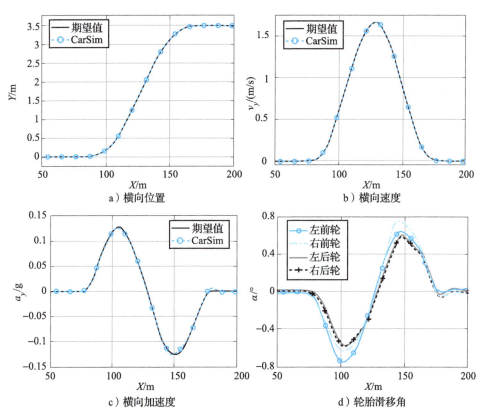

a）横向位置　　　　　　　　　　b）横向速度

c）横向加速度　　　　　　　　　d）轮胎滑移角

图 4 – 10　CarSim 车辆对提出的七阶轨迹的响应（$\mu = 0.8$，$v_H^* = 80km/h$）

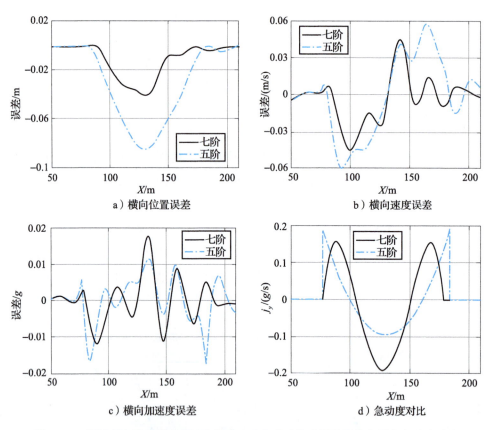

a）横向位置误差 b）横向速度误差

c）横向加速度误差 d）急动度对比

图4-11 提出的七阶多项式轨迹和经典五阶多项式轨迹跟踪误差和横向急动度对比
$(\mu = 0.8, \; v_H^* = 80\mathrm{km/h})$

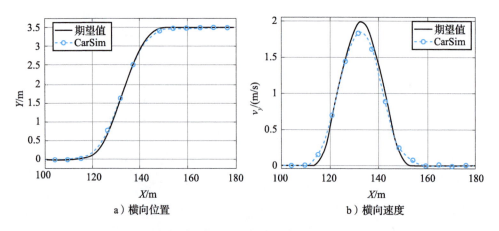

a）横向位置 b）横向速度

图4-12 CarSim车辆对提出的七阶轨迹的响应 $(\mu = 0.3, \; v_H^* = 40\mathrm{km/h})$

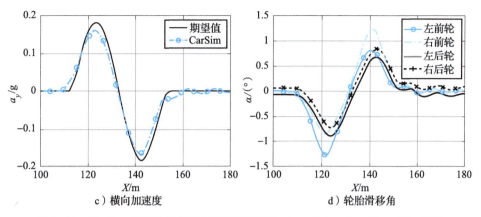

c）横向加速度   d）轮胎滑移角

图 4−12　CarSim 车辆对提出的七阶轨迹的响应（$\mu = 0.3$，$v_H^* = 40\text{km/h}$）（续）

急动度变化平稳，七阶轨迹比五阶轨迹的横向加速度误差变化更加平稳，如图 4−13c和 d 所示。从图 4−13d 进一步可以看出与五阶轨迹相比，七阶轨迹具有更远的变道终点（变道过程需要的纵向距离更大），产生更平滑的轨迹，从而在低附着系数路面上获得更高的安全性。

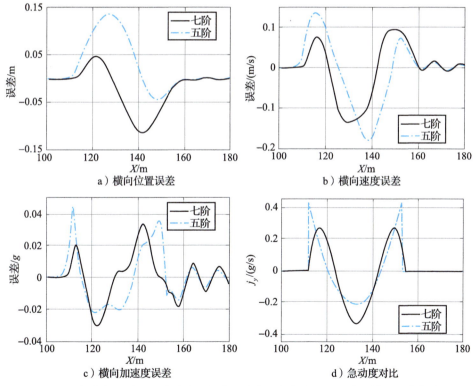

a）横向位置误差   b）横向速度误差

c）横向加速度误差   d）急动度对比

图 4−13　提出的七阶多项式轨迹和经典五阶多项式轨迹跟踪误差和横向急动度对比
（$\mu = 0.3$，$v_H^* = 40\text{km/h}$）

4.5 试验结果

为了进一步验证所提出的变道轨迹规划方案的实用性，在 1/10 比例的模型车 QCar 平台上进行了试验测试。通过将 QCar 的响应与基于提出的规划方案的轨迹的期望特性进行比较，验证了该规划方案的有效性。

4.5.1 试验平台描述

试验装置的架构如图 4 - 14 所示。QCar 的关键参数见表 4 - 5。根据所提出的规划方案，在地面站 PC 中生成所需的轨迹，并将其作为参考轨迹发送至 QCar。QCar 的运动由驱动和转向伺服电机控制。机载 9 轴惯性测量单元（IMU）用于获取 QCar 的实时位姿。控制算法是用 Simulink 模块编写的，并编译为 C 代码，运行在基于 Linux 的嵌入式系统上，该系统由板载 NVIDIA Jetson TX2 处理器和四核 ARM Cortex-A57 微控制器驱动。板载处理器接收来自地面站 PC 的输入指令，通过 Wi-Fi 无线通信，将从 IMU 和电机编码器采集的数据发送到地面站，伺服电机产生适当的脉冲宽度调制（PWM）信号。

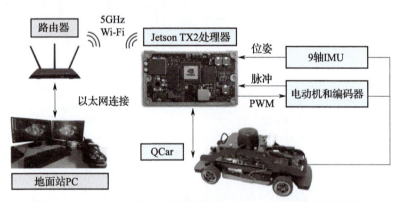

图 4 - 14　Quanser 平台自动驾驶汽车（QCar）试验装置示意图

表 4 - 5　QCar 关键参数

符号	参数	数值	单位
l_v	长度	0.425	m
l_w	宽度	0.192	m
h	高度	0.182	m

（续）

符号	参数	数值	单位
l	轴距	0.256	m
T	磁道宽度	0.170	m
R_e	轮胎半径	0.066	m
u_1^m	最大速度	1.5	m/s
u_2^m	最大转向角	0.5	rad

4.5.2　QCar 测试结果

试验中，路面附着系数 μ 约为 0.5。车道宽度设为 $l_w^* = 0.35\mathrm{m}$，QCar 的速度设为 0.83m/s，对应的全尺寸真实车辆速度约为 $v_H^* = 30\mathrm{km/h}$（考虑 1/10 比例模型）。利用路面附着系数和速度信息，可根据式（4 – 12）和式（4 – 16）求得自适应加速度和急动度极限，即 $a_{y\max}^Q(\mu)$ 和 $j_{y\max}(v_H^*)$。然而，由于试验中使用的是缩小车道和比例模型车，在这种情况下，由式（4 – 23）计算的最小变道持续时间应乘以系数 ρ，为

$$t_{slc}^{\min} = \rho \cdot \max\left\{ \sqrt{\frac{7.513 l_w^*}{g \cdot a_{y\max}^Q(\mu)}}, \sqrt[3]{\frac{52.5\, l_w^*}{g \cdot j_{y\max}(v_H^*)}} \right\} \qquad (4 - 24)$$

为了获得合理的规划和跟踪结果，其中 $\rho = \sqrt[3]{l_w/l_w^*}$ 是与真实车道与缩小车道的宽度比相关的调整系数。在达到 $t_{slc}^{\min}$ 之后，相应地就可以确定规划的轨迹。

变道起点现在是唯一一个与主车和前车运动相关的未知参数。在不失一般性的前提下，考虑了静止前车的情况。因此，根据式（4 – 7），在这种情况下，最小安全距离 d_{th} 仅与 v_H 相关。为简化起见，也为保证安全，d_{th} 设为 $1.5\, v_H$。初始时刻，QCar 静止在全局坐标系原点处，静止前车位于当前车道前方 1.5m 处。

图 4 – 15 为基于所提出变道规划方案的 QCar 规划与跟踪结果。根据规划轨迹，QCar 在 $X = 0.26\mathrm{m}$ 处开始变道操作，在 $X = 3\mathrm{m}$ 附近完成变道。QCar 的理想横向位置、速度和加速度变化平稳，峰值横向速度和加速度分别小于 0.25m/s 和 0.35m/s^2，从而证明了 QCar 的舒适性。总体而言，QCar 以可接受的精度跟踪横向位置、速度和加速度的期望值。然而，在变道起点和终点附近观察到明显的跟踪误差。初始跟踪误差是由于 QCar 在 $X < 0.5\mathrm{m}$ 时加速过快造成的，因为 QCar 需要在较短的距离内从初始零速度跟踪到期望的速度（由于室内实验室空

间有限）。因此，在起始点附近可以看到类似的横向加速度和偏航率的增加，如图 4-15c 和 d 所示。在 QCar 达到期望速度后，QCar 密切跟踪期望值，直到接近变道终点。测量噪声和 QCar 定位精度较低可能是导致 QCar 在终点附近的轨迹与规划轨迹不一致的原因。但是如图 4-15d 所示，前转向角变化平稳，最大幅度小于 0.18rad，也体现出变道操作的舒适性。

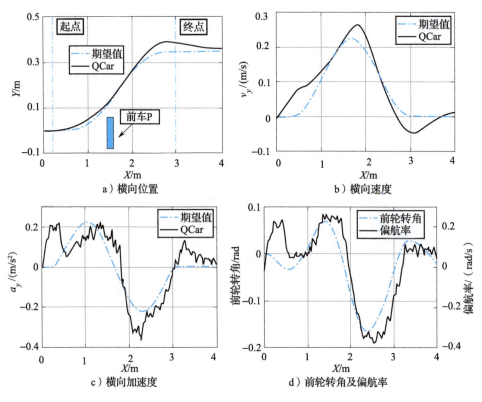

图 4-15　QCar 在所提出的七阶轨迹下的响应

4.6　本章小结

在本章中，提出了一种自动驾驶汽车在直线公路上安全舒适的变道轨迹规划方案。对人的驾驶特性进行回顾和整合，以实现自然的驾驶体验。考虑到变道操作要求，采用七阶多项式来进行轨迹规划，以保证规划轨迹的连续性。针对路面条件和车辆运动对车辆行驶参数极限的影响，设计了路面附着系数自适应加速度和速度自适应急动度极限。在基于驾驶中遇到的最坏场景时，所需要的纵向距离标准确定变道起点后，将变道轨迹规划问题简化为选择合适的变道持续时间问题。无需求解约束优化问题，只需快速代数计算选择这个单一系数。CarSim 仿真和 QCar 试验结果都显示了方案的有效性和实用性。除此之外，基于所提规划方案生成的轨迹也可以很好地被自动驾驶汽车跟踪。为了在较大的前进速度范围内实现稳定的变道轨迹跟踪，下一章将结合 TRFC 的估测值，设计一种基于 MPC 的自适应控制器。

自动驾驶车辆路面附着系数
估测与智能控制技术

第 5 章

基于 MPC 的自动驾驶汽车变道轨迹跟踪

5.1 引言

路径规划和跟踪控制在自动驾驶中起着至关重要的作用，它是指根据交通规则、安全性、舒适性和车辆动力学，确定跟踪车辆从当前位置到指定目标的无碰撞轨迹。自动驾驶汽车的路径规划和跟踪控制领域存在大量研究，在文献[10，114]中可以找到对各种规划算法和控制方法的精彩分析。为了找到最佳轨迹，在满足避障要求的同时，还需考虑车辆动力学、执行器饱和、道路边界等不同类型的约束条件。

由于 MPC 技术具有系统处理约束的能力，近期已成为解决自动驾驶汽车路径规划和跟踪控制问题的一种广泛使用的方法[86,140]。该方法涉及在操作约束下根据一系列控制输入优化性能指标，将这种最优输入序列的第一元素应用于车辆系统来生成期望路径或跟踪给定轨迹[11,86]。在现有研究中可以看到两种不同的研究方向。考虑到路径规划和跟踪控制之间存在紧密联系，一些研究人员将控制模块与路径规划器集成在一起。Jalalmaab 等人[87]研究了一种道路自适应MPC 策略，在避开障碍物的同时跟踪车道中心线。虽然路径规划和跟踪是在一个线性 MPC 框架内实现的，但需要注意的是，之所以仅使用点 – 质量运动学模型是为了确保控制器的实时实现。为了同时考虑轮胎力饱和以及车辆非线性，在[86]中设计了基于四轮车辆模型和 MF 轮胎模型的非线性 MPC 来执行路径重规划和跟踪任务。试验结果表明，当车速超过 40km/h 时，计算时间迅速增加，并引发实时性问题。

为了避免复杂的优化过程可能导致过多计算需求，另一种方法是在分层架构中分别解决路径规划和跟踪问题。在 PRORETA3 项目中，Bauer 等人[88]利用基于势场的轨迹规划器来计算最优车辆轨迹，然后将其输入控制层，以实现关键交通状况下的碰撞规避。在参考文献[89]中，考虑到道路边界条件和车辆的运动学模型，基于三维势场法生成了自动驾驶汽车的无碰撞轨迹，然后从多约束 MPC 框架中获得跟踪生成轨迹的转向角指令。类似的，Shim 等人[90]设计了一种避免碰撞系统，该系统根据六阶多项式确定了一条无碰撞轨迹，并通过

MPC 方案控制前转向和单个车轮转矩以跟踪参考轨迹。如文献[91]所示，当非线性车辆模型用于 MPC 时，可以在每个预测步骤中应用线性化技术，以减少计算负担。除了计算负担外，代价函数的结构以及输出和输入的权重调节对 MPC 的性能也有很大的影响。遗憾的是，在这一领域的相关工作相对较少。另一个问题与 TRFC 有关，它反映了道路对车辆可提供的力的限制。该系数与道路上车辆的方向控制和稳定性能密切相关，对于自动驾驶汽车尤其重要，因为它们需要应对不同的道路条件执行驾驶任务。如文献 [86，89，91]，之前大多数采用分层架构的研究都只是将 TRFC 作为输入和/或状态约束条件引入轨迹跟踪模块。实际上，参考路径的质量或平滑度对跟踪控制性能有很大的影响。因此，在上层路径规划器中提前考虑道路摩擦的限制，可以大大简化下层跟踪控制器的设计。

在本章中，我们重点研究自动驾驶车辆的两级路径规划和跟踪，以避免车辆在一条直线单向双车道高速公路上发生碰撞。在上层规划模块中，利用道路摩擦和车速信息生成基于 TRFC 的 DLC 轨迹。以前轮转向角为控制输入，在成本函数中进一步设计了具有自适应权重的线性动态 MPC，以便在各种前进速度下尽可能接近所规划的轨迹。下文将详细介绍本章所提出的变道轨迹跟踪控制方法。

5.2　DLC 轨迹规划

DLC 车辆避碰场景如图 5-1 所示。OXY 为绝对惯性系，X 轴沿 1 号车道中心线向右为正，Y 轴沿车道中心线垂直向上为正。为了简化无碰撞轨迹的生成，本章只研究以下条件：

1）主车辆 A 在变道操作前一直以恒速 v_a 向前行驶，沿 1 号车道中心线行驶。

2）障碍车 B 在 1 号车道中心线静止或以极低的速度 $v_B \leqslant \dfrac{v_A}{3}$ 行驶在车辆 A 的前方。

3）2 号车道内无车辆，可供变道。

当主车辆 A 接近障碍车 B 时，如果仅靠制动无法避免碰撞，则必须进行变道操作。使用与 TRFC(μ) 和车速 （v_A，v_B）相关的保守安全距离来确定变道操

作的起始位置，该安全距离定义为

$$L_x = (v_A^2 + v_B^2)/2\mu g + v_A h_0 + d_0^* + l_v \qquad (5-1)$$

式中，第一项表示速度从 v_A 降至 v_B 所需的最小制动距离；$g = 9.81\,\mathrm{m/s^2}$，为重力加速度；h_0 和 d_0^* 分别为两车时距和相对静止距离；l_v 是车辆长度，此处加入该值是出于对车辆几何形状的考虑。基于 Nelson[55] 提出的连续曲率路径，利用安全距离生成主车辆 A 的期望轨迹，将横向位置 Y_d 作为纵向位置 X 的函数来定义，表示为

$$Y_d = \begin{cases} l_w \left[10\left(\dfrac{X_3}{L_x}\right)^3 - 15\left(\dfrac{X_3}{L_x}\right)^4 + 6\left(\dfrac{X_3}{L_x}\right)^5 \right], & X_1 \leqslant X \leqslant X_{OB} \\[4mm] l_w \left[10\left(\dfrac{X_4}{L_x}\right)^3 - 15\left(\dfrac{X_4}{L_x}\right)^4 + 6\left(\dfrac{X_4}{L_x}\right)^5 \right], & X_{OB} \leqslant X \leqslant X_2 \\[4mm] 0, & \text{else} \end{cases} \qquad (5-2)$$

式中，l_w 为车道宽度；$X_1 = X_{OB} - L_x$；$X_2 = X_{OB} + L_x$；$X_3 = X - X_1$；$X_4 = 2\,X_{OB} - X_1 - X$，其中 X_{OB} 为车辆 B 的纵向位置，如图 5-1 所示。

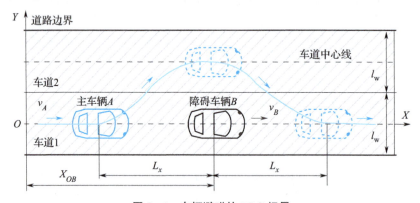

图 5-1　车辆避碰的 DLC 场景

车辆 A 按照参考轨迹式（5-2）从 1 号车道的中心线开始转向到相邻的 2 号车道 $X = X_1$ 处，在 $X = X_{OB}$ 处到达 2 号车道的中心线，在 $X = X_2$ 处返回原中心线。期望轨迹的平滑度和 DLC 机动的持续时间由安全距离 L_x 决定，因此与 TRFC 和车辆速度有关。这是一种简单的方法，它可以模拟一个熟练的驾驶员考虑公路上的道路摩擦条件和车辆速度。

备注 5.1　由式（5-1）和式（5-2）可以明显看出，越低的 v_A 产生的轨迹越尖锐。当主车辆以非常低的速度运行时，可能很难遵循期望的轨迹。本研究中考虑到这一点，因此选取 $v_A \geq 30\mathrm{km/h}$，这对于研究高速公路上的 DLC 动作是合理的。

　　备注 5.2　假定车辆在直线道路上行驶时，路面附着系数（μ）是在 DLC 动作开始前估计的。关于 TRFC 估计的更多细节可以参考作者之前的工作[122,123]。

5.3　DLC 轨迹跟踪控制器设计

5.3.1　车辆动力学模型

　　考虑纵向速度不变，选择简化的单轨车辆模型来描述横向运动，如图 5-2 所示。

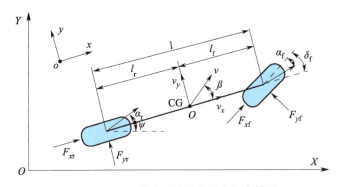

图 5-2　用于轨迹跟踪的简化自行车模型

　　车身坐标系 oxy 以重心为中心，其中 x 定义为沿车辆中心线向前为正方向，y 定义为沿 x 的垂直方向，向左为正方向。在轮胎转向角和车辆偏角均较小的假设下，可以通过对质心进行力和力矩平衡以及惯性坐标系与车身坐标系之间的坐标变换来推导出该模型的运动方程，如下：

$$\begin{cases} m(\dot{v}_y + v_x\dot{\psi}) = F_{yf} + F_{yr} \\ I_z\ddot{\psi} = l_f F_{yf} - l_r F_{yr} \\ \dot{Y} = v_x\psi + v_y \end{cases} \quad (5-3)$$

式中，m 为车辆质量；I_z 为绕 z 轴的转动惯量；l_f 和 l_r 分别为重心到前轴和后轴的距离；v_x、v_y 是车辆在车身坐标系中的纵向和横向速度；ψ、$\dot{\psi}$ 和 Y 分别是车辆在惯性坐标系中的偏航角、偏航率和横向位置。在轮胎滑移角较小的情况下，前后轮的未知侧向力 F_{yf} 和 F_{yr} 近似为轮胎滑移角的线性函数：

$$F_{yi} = -2C_i\alpha_i, \quad i = f, \ r \tag{5-4}$$

式中，C_i 和 α_i 分别为单个轮胎的侧偏刚度和滑移角，$i = f, \ r$ 分别表示前、后轮胎。采用小角度近似法，得到轮胎滑移角（α_f，α_r）表示如下[17]：

$$\begin{cases} \alpha_f = (v_y + l_f\dot{\psi})/v_x - \delta_f \\ \alpha_r = (v_y - l_r\dot{\psi})/v_x \end{cases} \tag{5-5}$$

式中，δ_f 是前轮胎转角。

5.3.2 MPC 控制器设计

基于式（5-3）~ 式（5-5）推导出 MPC 优化过程的车辆状态空间模型，该模型可简写为

$$\begin{cases} \dot{\boldsymbol{x}}(t) = \boldsymbol{A}\boldsymbol{x}(t) + \boldsymbol{B}u(t) \\ \boldsymbol{z}(t) = \boldsymbol{C}\boldsymbol{x}(t) \end{cases} \tag{5-6}$$

式中，$\boldsymbol{x}(t) \in \mathbb{R}^n$ 为系统状态；$u(t) \in \mathbb{R}^m$ 为输入；$z(t) \in \mathbb{R}^p$ 为输出；$n = 4$ 为状态个数；$m = 1$ 为输入个数；$p = 3$ 为输出个数。四种状态分别是车身坐标系中的横向速度、偏航角、偏航率和主车辆的重心在惯性坐标系中的横向坐标，分别记为 $\boldsymbol{x} = [v_y, \ \psi, \ \dot{\psi}, \ Y]^T$。横向控制的唯一输入是前轮转向角 $u = \delta_f$。三个输出表示为 $\boldsymbol{z} = [\psi, \ Y, \ \beta]^T$，其中 β 为车辆的侧滑角。式（5-6）中矩阵 $\boldsymbol{A}$、$\boldsymbol{B}$、$\boldsymbol{C}$ 分别为

$$\boldsymbol{A} = \begin{bmatrix} -\dfrac{2C_f + 2C_r}{mv_x} & 0 & -v_x - \dfrac{2C_fl_f - 2C_rl_r}{mv_x} & 0 \\ 0 & 0 & 1 & 0 \\ -\dfrac{2l_fC_f - 2l_rC_r}{I_zv_x} & 0 & -\dfrac{2l_f^2C_f + 2l_r^2C_r}{I_zv_x} & 0 \\ 1 & v_x & 0 & 0 \end{bmatrix}$$

$$\boldsymbol{B} = \begin{bmatrix} \dfrac{2\,C_\mathrm{f}}{m} \\[2mm] 0 \\[2mm] \dfrac{2\,l_\mathrm{f}C_\mathrm{f}}{I_z} \\[2mm] 0 \end{bmatrix}, \quad \boldsymbol{C} = \begin{bmatrix} 0 & 0 & 1 & 0 \\[2mm] 0 & 0 & 0 & 1 \\[2mm] \dfrac{1}{v_x} & 0 & 0 & 0 \end{bmatrix}$$

为了得到一个有限维的最优控制问题，我们使用欧拉法对系统动力学方程 (5-6) 进行离散化，并设定了一个固定的采样时间 T_s：

$$\begin{cases} \boldsymbol{x}(k+1 \mid k) = \boldsymbol{A}_\mathrm{d}\boldsymbol{x}(k \mid k) + \boldsymbol{B}_\mathrm{d}u(k \mid k) \\ z(k \mid k) = \boldsymbol{C}_\mathrm{d}\boldsymbol{x}(k \mid k) \end{cases} \tag{5-7}$$

式中，$\boldsymbol{A}_\mathrm{d} = \boldsymbol{E} + \boldsymbol{A}\,T_\mathrm{s}$；$\boldsymbol{B}_\mathrm{d} = \boldsymbol{B}\,T_\mathrm{s}$；$\boldsymbol{C}_\mathrm{d} = \boldsymbol{C}$；$\boldsymbol{E}$ 为 n 维单位矩阵。

设 k 为当前时间步长，$\boldsymbol{x}_k = \boldsymbol{x}(k \mid k)$ 为第 k 步的状态向量，考虑如下代价函数：

$$J(\boldsymbol{x}_k, \boldsymbol{U}_k, \boldsymbol{\epsilon}_k) = \sum_{i=1}^{H_\mathrm{p}} \| \boldsymbol{\eta}(k+i \mid k) - \boldsymbol{\eta}^\mathrm{r}(k+i \mid k) \|_Q^2 +$$

$$\sum_{i=0}^{H_\mathrm{c}-1} \| \Delta u(k+i \mid k) \|_R^2 + \rho\,\epsilon_k^2 \tag{5-8}$$

式中，$\boldsymbol{\eta}(k+i \mid k) = z(k+i \mid k)$ 表示预测输出；$\boldsymbol{\eta}^\mathrm{r}(k+i \mid k)$ 表示采样步长 $k+i$ 时刻的相应参考信号；$\Delta u(k+i \mid k) = u(k+i \mid k) - u(k+i-1 \mid k)$ 是采样步骤 $k+i$ 时的控制输入差值，$u(k-1 \mid k)$ 是上一个控制区间的已知输入；$\boldsymbol{U}_k = [u(k \mid k), \cdots, u(k+H_\mathrm{c}-1)]^\mathrm{T}$ 为时间步长 k 处的优化向量；H_p 和 H_c 分别为预测和控制范围，且 $H_\mathrm{p} > H_\mathrm{c}$，为了减少计算量，当 $H_\mathrm{c} \leqslant i \leqslant H_\mathrm{p}$ 时，控制信号序列 $u(k+i \mid k)$ 等于 $u(k+H_\mathrm{c}-1 \mid k)$；$\rho\,\epsilon_k^2$ 表示违反约束条件的惩罚，ϵ_k 是松弛变量，ρ 是加权系数；$\boldsymbol{Q}$ 是对角矩阵，对角元素是输出权重的平方，写成 $\boldsymbol{Q} = \mathrm{diag}(\lambda_1^2, \lambda_2^2, \lambda_3^2)$；$R$ 是输入率权重的平方，$R = \lambda_4^2$。

MPC 控制器的目标是跟踪 5.2 节中生成的理想轨迹。见式（5-2），仅直接生成参考横向位置。然而，在变道操作前后，主车辆都是在直线上行驶。考虑到物理特性，DLC 操作前后的横摆角速度和车辆侧滑角参考值均可设为零。

但是，在 DLC 操作过程中，车辆横摆角速度和车辆侧滑角的参考值是未知的。在这种情况下，传统的 MPC 方案无法解决最小化式（5－8）问题。在此，我们提出了一种新的方法来解决这一问题，其前提条件仅为参考横向位置。

表 5－1　输出约束

输出量	最小值	最大值
$\dot{\psi}$	$-0.85\mu g/v_x$	$0.85\mu g/v_x$
Y	$-l_w/2 + T/2$	$3\,l_w/2 + T/2$
β	$-\arctan(0.02\mu g)$	$\arctan(0.02\mu g)$

请注意，输出权重越高，相应参考信号的跟踪要求就越高。控制器将忽略零权重的设定值，并允许输出自由变化。在此基础上，当缺乏参考值时，预测输出的权重将设为零。因此，横摆角速度的输出权值（λ_1）在 DLC 机动期间设为零，在其他情况下设置为非零值。与横摆角速度这一易于测量的信号不同，车辆侧滑角很难直接测量，因此其输出权重始终设为零（$\lambda_3 = 0$）。这样，在没有参考值的情况下，车辆侧滑角和横摆角速度就可以围绕各自的设定值自由变化。考虑到主车辆从中心线出发并返回到同一中心线，车辆侧滑角和偏航率的设定值在 $\boldsymbol{\eta}^r(k+i \mid k)$ 中均为零。此外，当产生的横摆角速度或车辆侧滑角超过道路能够提供的值时[141]，也是不安全的。在较大的车辆侧滑角下，轮胎可能会失去其线性特性，造成较大的跟踪误差。因此，这两个输出的大小应受摩擦相关约束的限制。在每个时间步长 k 处，都要解决以下有限时域最优控制问题：

$$\min_{\boldsymbol{U}_k, \epsilon_k} J(\boldsymbol{x}_k, \boldsymbol{U}_k, \boldsymbol{\epsilon}_k)$$

$$\text{s.t.} \quad \boldsymbol{x}(k+1 \mid k) = \boldsymbol{A}_d \boldsymbol{x}(k \mid k) + \boldsymbol{B}_d u(k \mid k)$$

$$\boldsymbol{\eta}(k \mid k) = \boldsymbol{C}_d \boldsymbol{x}(k \mid k)$$

$$u(k-1 \mid k) = u(k-1)$$

$$\Delta u(k+i \mid k) = u(k+i \mid k) - u(k+i-1 \mid k), \ i = 0, \cdots, H_c - 1$$

$$\Delta u_{\min} \leq \Delta u(k+i \mid k) \leq \Delta u_{\max}$$

$$u_{\min} \leq u(k+i \mid k) \leq u_{\max}$$

（5－9）

$$\Delta u(k+i \mid k) = 0, \ i = H_c, \ \cdots, \ H_p$$

$$\begin{bmatrix} \dot{\psi}_{\min} \\ Y_{\min} \\ \beta_{\min} \end{bmatrix} - \epsilon_k \leqslant \boldsymbol{\eta}(k+i \mid k) \leqslant \begin{bmatrix} \dot{\psi}_{\max} \\ Y_{\max} \\ \beta_{\max} \end{bmatrix} + \epsilon_k, \ i = 1, \ \cdots, \ H_p, \ \epsilon_k \geqslant 0$$

$$\boldsymbol{x}(k \mid k) = \boldsymbol{x}_k$$

$$\boldsymbol{\eta}^r(k+i \mid k) = \begin{bmatrix} 0 & Y_d & 0 \end{bmatrix}^T$$

式中，$u_{\min}$ 和 $\Delta u_{\min}$，$u_{\max}$ 和 $\Delta u_{\max}$ 为施加在控制信号上的约束。对输出变量的约束见表 5-1，其中 l_w 为车道宽度，T 为车辆宽度。与摩擦有关的 ψ 和 β 的上下界的选择经验可参考 [141]。

　　备注 5.3　将车辆侧滑角 β 近似为 v_y/v_x，将输出约束 $\beta_{\min} - \epsilon_k \leqslant \beta \leqslant \beta_{\max} + \epsilon_k$ 转化为车辆横向速度的状态约束。

　　优化问题（5-9）可以改写为二次规划，它不需要任何复杂的优化软件。用 $\boldsymbol{U}_k^* = [u^*(k \mid k), \ \cdots, \ u^*(k+H_c-1)]^T$ 表示，在时间步长 k 处通过求解式（5-9）来计算当前系统状态 $\boldsymbol{x}_k$ 的最优输入序列，然后在时间 k 处将 $\boldsymbol{U}_k^*$ 的第一个样本应用于车辆。在时间 $k+1$ 处，从新测量的状态 $\boldsymbol{x}(k+1 \mid k+1) = \boldsymbol{x}_{k+1}$ 开始，在平移的新的预测时域上求解新的优化问题。

5.3.3　代价函数中的自适应权值

　　上述 MPC 的性能与可调权重集 $[\lambda_1, \ \lambda_2, \ \lambda_3, \ \lambda_4]$ 密切相关。给定车辆前进速度，很容易调整一组达到可接受的跟踪结果的 $[\lambda_1, \ \lambda_2, \ \lambda_3, \ \lambda_4]$。然而，当车辆在不同的速度下运动时，当 $\lambda_i(i=1, 2, 3, 4)$ 为固定值时，控制器的性能会下降甚至不可接受（引起振荡和不稳定）。一种简单的方法是设计随车速变化的自适应权值。虽然有四个权重需要调整，但横摆角速度和横向位置（λ_1，λ_2）的输出权重比输入权重对控制器性能的影响更大。注意，如 5.3.2 节所述，车辆侧滑角 λ_3 的输出权重为零，当设置 $\lambda_4 = 0.5$，只需将 λ_1 和 λ_2 设置为速度自适应值。为了进一步简化调参过程，我们将横向位置的输出权重设为固定值 $\lambda_2 = 1$。前进速度越高，横摆角速度的权重越大，以保证车辆的稳定性。在广泛的车速范围内进行了大量的仿真后，选择了横摆角速度的自适应权值，见表 5-2。

表 5-2　自适应权值

$v_x/(\mathrm{km/h})$	(30, 50]	(50, 60]	(60, 70]	(70, 80]	(80, 92]
λ_1	0.4	1.0	2.8	4.0	6.0

5.4　仿真结果

为了测试所提出的规划和跟踪框架的性能，利用 CarSim 和 MATLAB/Simulink 软件进行了不同前进速度下的一系列避碰操作。CarSim 中设置了两种不同的路面，摩擦系数分别为 0.8 和 0.3，分别表示为高摩擦系数道路和低摩擦系数道路。仿真所用车辆模型和公路道路的主要参数如下：

$$m = 1416\mathrm{kg},\ I_z = 1523\ \mathrm{kg} \cdot \mathrm{m}^2,\ l_f = 1.016\mathrm{m},\ l_r = 1.562\mathrm{m},\ l = 2.578\mathrm{m},$$
$$T = 1.739\mathrm{m}\ C_f = 47000\mathrm{N/rad},\ C_r = 38000\mathrm{N/rad},\ l_w = 3.5\mathrm{m},\ h_0 = 2\mathrm{s},\ d_0 = 2\mathrm{m}$$

自适应 MPC 具有以下参数：

$$T_s = 0.05\mathrm{s},\ H_p = 15,\ H_c = 5$$
$$u \in [\ -10°,\ 10°],\ \Delta u \in [\ -1°,\ 1°]$$
$$\boldsymbol{Q} = \mathrm{diag}(\lambda_1^2,\ 1,\ 0),\ R = 0.5^2,\ \rho = 10^5$$

5.4.1　高摩擦路面

首先选取较高的摩擦系数（$\mu = 0.8$）来模拟公路车辆在混凝土或沥青路面上正常行驶情况。主车辆和障碍车最初分别位于纵向位置 0m 和 150m。在 90km/h、60km/h、40km/h 三种恒定前进速度（v_x）下，对主车辆进行了 DLC 操作。根据式（5-2）计算出对应不同速度的三个期望轨迹，如图 5-3a 所示。前进速度越高，主车越早转向相邻车道，从而留下更大的安全距离。虽然在 90km/h 时观察到的误差略大，但是设计的 MPC 依然可以很好地跟踪所需的轨迹，并严格限制车辆在道路边界内的位置。生成的横摆角速度、车辆侧滑角和车轮转角分别如图 5-3c、e 和 g 所示。这三个变量的所有峰值都比它们各自的边界小得多，这表明生成的轨迹是平滑的。由图 5–3e 可以看出，在 90km/h 下产生的车辆侧滑角的大小远大于两个较低速度下的车辆侧滑角大小。这说明车辆前进速度对侧滑角的影响较大，车速高会产生较大的侧滑角，导致系统不稳定。更大的侧滑角会导致更大的车辆建模误差，这在一定程度上解释了 90km/h 下的轻微跟踪振荡。同时指出，所设计的 MPC 在高速公路上当速度达到 $v_x = 92km/h$ 时仍可以获得良好的闭环性能。

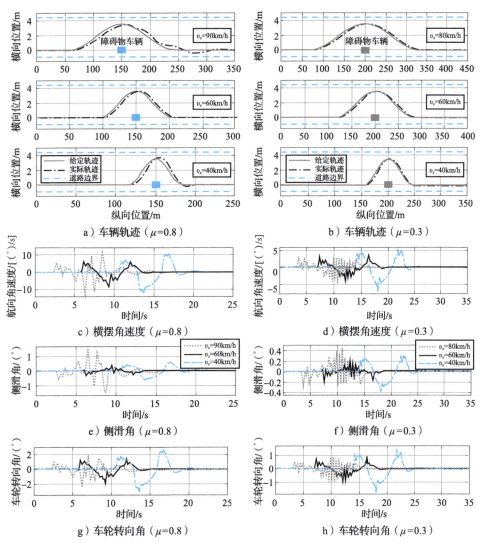

图 5–3　两种路况下的模拟结果

5.4.2　低摩擦路面

将摩擦系数设定为 $\mu=0.3$，以模拟冬季公路被积雪覆盖的路况。主车辆在纵向位置 0m 处初始化。考虑到相同速度下在湿滑的路面上需要更大的安全距离，障碍车辆的位置设定为 $X_{OB}=200m$。研究了三种速度 v_x（80km/h、60km/h、40km/h）下的避撞场景。理想轨迹和实际轨迹如图 5-3b 所示。与在高摩擦系数道路上获得的结果相比，所设计的 MPC 在低摩擦系数道路上可以获得更好的跟踪性能。这是因为在湿滑的路面上，基于较大安全距离生成的轨迹更加平滑。图 5-3d、f 和 h 分别显示了在 DLC 操作过程中产生的横摆角速度、车辆侧滑角和车轮转角。由于路面附着力较差，转向角度的变化指令比高摩擦系数路面更频繁，以紧密跟踪所需的轨迹。因此，在变道操作过程中，横摆角速度和车辆侧滑角也会随时间快速变化。前进速度越高，观察到的变化越快。此外，我们还指出，MPC 稳定车辆并准确跟踪所需轨迹的前进速度上限为 $v_x=82km/h$。

5.5　本章小结

本章介绍了一种基于 MPC 的路径规划和跟踪框架，该框架使用估算的 TRFC 进行自动驾驶汽车控制。根据主车辆与障碍车辆之间的安全距离生成所需的 DLC 轨迹，该安全距离与 TRFC 和车辆速度均相关。综合考虑代价函数中的输出权重和 TRFC 定义的输出量约束，设计了一种具有自适应输出权重的线性动态 MPC，从而只需横向位置即可跟踪所需的轨迹。此外，确定了代价函数中输出权重自适应大范围速度的取值，使所设计的控制器在实际应用中非常有前景。虽然将 TRFC 与轨迹跟踪相结合的优势显而易见，但由于室内实验室很难模拟真实的轮胎-路面界面并获得真实 TRFC 的准确值，因此通过实验室试验验证所提出方法的有效性并不容易。同时指出，轨迹跟踪控制器应根据运行条件和环境进行设计。基于实验室现有的比例模型 QCar 自动驾驶平台，下一章将提出一种适用于低速运行的自动驾驶汽车的自适应轨迹跟踪控制方案。通过对比仿真和试验测试，验证了其在满足执行器实施能力要求时跟踪精度方面的优势。

第6章

考虑输入约束的低速自动驾驶汽车自适应轨迹跟踪

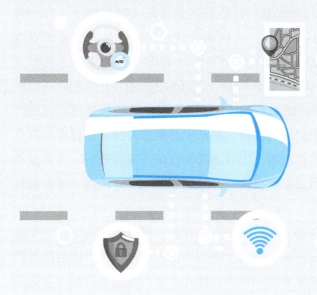

6.1 引言

由于其灵活的机动性[142-144]，类似汽车的交通工具已经吸引了学术界和工业界相当大的关注和努力。在传感和计算技术显著进步的帮助下，自动驾驶汽车的出现进一步推动了这些发展。人们认为自动驾驶在提高交通的安全性、舒适性和效率方面具有巨大潜力[112,140,145-147]。在非完整约束下，类车交通工具中的一个挑战性问题是轨迹跟踪控制，其目的是沿着预定义的轨迹驾驶车辆[143,144,148,149]。作为自主系统的重要组成部分，车辆的轨迹跟踪控制问题得到了广泛的研究。根据所使用的车辆模型，文献中的跟踪控制方法通常可以分为基于几何、动态和运动学的控制器。当自动驾驶汽车低速运行时，大多数动态影响可以忽略不计，基于运动学模型设计的控制器仍然可以达到可接受的轨迹跟踪性能。

在基于运动学模型的类车轨迹跟踪问题中，有两个最重要的问题。一个是由物理执行器的执行能力引起的输入约束。当指令输入超过执行机构的最大能力时，会出现大的跟踪误差甚至系统不稳定。此外，过大的输入将减少实际应用中执行器的工作寿命。一些研究利用 MPC[150-152]或神经网络（NN）[153,154]方法来处理系统约束和非线性。然而，非线性动力学、时变状态和输入约束的存在可能会导致计算量过大的问题[11]。因此，基于非优化方法的跟踪控制器的设计可能是一个很好的选择。不幸的是，在之前的研究中，这些方法大多侧重于将车辆稳定在零平衡状态，而没有对输入施加限制。因此，在实际应用中，考虑到输入约束的精确轨迹跟踪仍然是很需要的。另一个值得关注的问题是操作范围。为了增加控制器的操作范围，现有的大多数研究都在研究如何实现对模型不确定性和外部干扰的控制鲁棒性，但只考虑了恒定的控制增益[155-157]。显然，一组恒定增益不能满足所有的驾驶场景，尤其是当初始误差和期望速度存在变化时。需要注意的是，控制器的增益对跟踪性能有很大的影响，而自适应增益在实际应用中有很高的实用价值。自适应增益的设计不仅提高了各种情况下的跟踪精度，还能减少调整增益所花费的时间和精力。

本章针对低速自动驾驶汽车设计了一种新的具有自适应增益的轨迹跟踪控制方案。在考虑实际应用中的输入约束时，基于运动学模型，采用反步法来保证轨迹跟踪的零偏差。为了使轨迹跟踪控制更加明确，在反步法的第一步中，创造性地将横向位置误差作为虚拟输入来确定指令速度和转向角。该控制器的增益根据跟踪误差和期望车速自动调整，可以大大减少调整时间和工作量。与具有恒定增益的传统控制器相比，所提出的自适应控制方案具有更快的跟踪误差收敛速度，特别是对于横向位置误差。同时，该控制器的输入指令保证不违反输入约束。下文将详细介绍所提出的轨迹跟踪方案。

6.1.1　自行车运动学模型

如图 6.1a 所示，自行车模型是将前轴和后轴上的两个车轮分别组合成一个车轮，位于每个车轴的中点。前轮是转向轮，后轮的方向是固定的。假设车辆仅具有平面运动，需要由全局坐标框架（OXY）中的三个坐标组成的姿态来描述车辆的运动：

$$\boldsymbol{p}_c = \left[X_c, Y_c, \psi_c \right]^{\mathrm{T}} \tag{6-1}$$

式中，(X_c, Y_c) 是控制点 C（后轴中点）的全局坐标；ψ_c 描述了车辆的方向，其正方向为 X 轴逆时针方向。对于车辆的低速运动，合理假设两个车轮都滚动且无打滑[141]。FO' 线和 CO' 线分别垂直于前轮和后轮的方向。交叉点 O' 是车辆的瞬时滚动中心。车辆的转弯半径（R）计算如下：

$$R = l/\tan\delta \tag{6-2}$$

式中，l 为车辆轴距；δ 为前轮转向角（左转为正转向）。假设车辆速度较低，车辆的横摆角速度（$\dot{\psi}_c$）由下式表示：

$$\dot{\psi}_c = V/R = V \cdot \tan\delta/l \tag{6-3}$$

式中，V 是 C 点处的前进速度。

推导出车辆的运动学模型如下：

$$\begin{cases} \dot{X}_c = V\cos\psi_c \\ \dot{Y}_c = V\sin\psi_c \\ \dot{\psi}_c = V \cdot \tan\delta/l \end{cases} \tag{6-4}$$

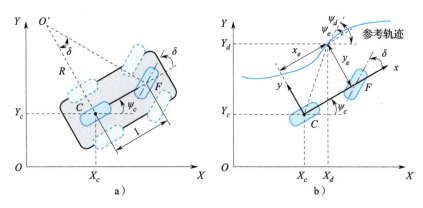

图 6-1　运动学自行车模型和姿态误差

6.1.2　位姿误差

对于轨迹跟踪控制问题，车辆的当前姿态 $\boldsymbol{p}_c$ 在控制方面必须遵循参考姿态（$\boldsymbol{p}_d = [X_d, Y_d, \psi_d]^{\mathrm{T}}$）。在控制方面，最好在原点为 C 点的局部坐标系（Cxy）中定义一个姿态误差，x 轴在 ψ_c 的方向，y 轴垂直于 x 轴，向上为正方向，如图 6.1b 所示。根据几何关系，将 $\boldsymbol{p}_d$ 与 $\boldsymbol{p}_c$ 的差值，即 $\boldsymbol{p}_d - \boldsymbol{p}_c$，转换为局部坐标系 $\boldsymbol{p}_e$，表示为

$$
\boldsymbol{p}_e = \begin{bmatrix} x_e \\ y_e \\ \psi_e \end{bmatrix} = \begin{bmatrix} \cos\psi_c & \sin\psi_c & 0 \\ -\sin\psi_c & \cos\psi_c & 0 \\ 0 & 0 & 1 \end{bmatrix} \begin{bmatrix} X_d - X_c \\ Y_d - Y_c \\ \psi_d - \psi_c \end{bmatrix} \tag{6-5}
$$

式中，x_e、y_e 和 ψ_e 是期望轨迹与实际轨迹转化为局部坐标系后的纵向位置、横向位置和横摆角误差。通过把式（6-5）的时间导数与式（6-4）结合，得到姿态误差的动力学方程为

$$
\begin{cases}
\dot{x}_e = -V + V_d\cos\psi_e + y_e\dfrac{V}{l}\tan\delta \\[3mm]
\dot{y}_e = V_d\sin\psi_e - x_e\dfrac{V}{l}\tan\delta \\[3mm]
\dot{\psi}_e = \dot{\psi}_d - \dot{\psi}_c = \dfrac{V_d}{l}\tan\delta_d - \dfrac{V}{l}\tan\delta
\end{cases} \tag{6-6}
$$

式中，V_d、δ_d 和 $\dot{\psi}_d$ 分别是期望的前进速度、转向角和横摆角速度。根据式（6-3），$\dot{\psi}_d$ 可计算为 $V_d\tan\delta_d/l$。在这一章里，只考虑向前的运动（$V > 0$），

转向角 δ 和偏航角 ψ_e 分别被限制在 $[-0.5, 0.5]$ rad 和 $[\pi, \pi]$ rad，并假设 $|\psi_e| < \pi$ rad。

6.1.3　问题描述

车辆的实际受控输入是前进速度 v 和转向角 δ，车辆的输出是当前姿态 $\boldsymbol{p}_c$。显然，在实际应用中，这两种输入都有物理约束。假设已经生成了可行且平滑的轨迹，并且参考姿态 $\boldsymbol{p}_d$ 和期望转向角 δ_d 对于车辆来说一直是已知信息。轨迹跟踪问题现在已经转换到寻找合适的输入向量 $\boldsymbol{u} = [u_1, u_2]^{\mathrm{T}} = [V, \delta]^{\mathrm{T}}$ 以使姿态误差 $\boldsymbol{p}_e$ 收敛到零且服从以下约束：

$$|u_i| \leqslant u_i^{\mathrm{m}}, \quad i = 1, 2 \tag{6-7}$$

式中，u_i^{m}，$i = 1, 2$，是由执行器的执行能力决定的最大输入值。

6.2　自适应跟踪控制方案

在本章中，将设计自适应非线性运动学控制器，以稳定方程（6-6）给出的姿态误差动力学方程（当 $t \to \infty$ 时，$\boldsymbol{p}_e \to \boldsymbol{0}$），并综合考虑式（6-7）中的输入约束。在控制方案设计中采用了反步控制方法用于控制方案设计，因为它可以提供一种系统的方法来推导全局稳定控制律[155]。所提出的自适应轨迹跟踪控制系统的结构如图 6-2 所示。关于控制器的详细信息将在下面的部分中讨论。

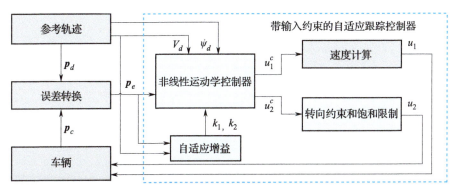

图 6-2　提出的自适应轨迹跟踪控制系统的结构

6.2.1　无输入约束的反步控制方案

首先，考虑无输入约束的运动学模型。当 $\dot{\psi}_c$ 等于 $V \cdot \tan\delta/l$ 时式（6 – 6）可以简写成

$$\begin{cases} \dot{x}_e = -V + V_d\cos\psi_e + y_e\dot{\psi}_c \\ \dot{y}_e = V_d\sin\psi_e - x_e\dot{\psi}_c \\ \dot{\psi}_e = \dot{\psi}_d - \dot{\psi}_c \end{cases} \quad (6-8)$$

在姿态误差动力学方程的简写形式下，跟踪问题被转化为寻找一个合适的控制输入 $\boldsymbol{u}^* = [u_1^*, u_2^*]^T = [V, \dot{\psi}_c]^T$ 使得 $\boldsymbol{p}_e \to \boldsymbol{0}$ 且 $t \to \infty$。为了实现这一目标，首先考虑以下子系统：

$$\begin{cases} \dot{x}_e = -V + V_d\cos\psi_e + y_e\dot{\psi}_c \\ \dot{y}_e = V_d\sin\psi_e - x_e\dot{\psi}_c \end{cases} \quad (6-9)$$

为这个子系统选择李亚普诺夫函数为

$$V_1 = \frac{1}{2}(x_e^2 + y_e^2) \quad (6-10)$$

V_1 基于式（6 – 9）的导数是

$$\dot{V}_1 = x_e(-u_1^* + V_d\cos\psi_e) + y_e V_d\sin\psi_e \quad (6-11)$$

由于横向位置误差 y_e 可以明确反映轨迹跟踪性能，在此将其视为虚拟输入。如果 y_e 随之变化：

$$y_e^d = -\frac{k_2\sin\psi_e}{V_d} \quad (6-12)$$

并且输入 u_1^* 被选择为

$$u_1^* = V_d\cos\psi_e + k_1 x_e \quad (6-13)$$

然后有

$$\dot{V}_1 = -k_1 x_e^2 - k_2\sin^2\psi_e \quad (6-14)$$

式中，k_1 和 k_2 为正恒定增益。因此，V_1 将渐近收敛为零，这等于纵向和横向位置误差都将渐近收敛为零。虽然实际输入 u_1 可根据式（6-13）选为 u_1^*，但横向位置误差 y_e 在此阶段无法保证精确跟踪 y_e^d。将 y_e 与 y_e^d 之间的跟踪误差定义为

$$\tilde{y}_e = y_e - y_e^d \tag{6-15}$$

$\tilde{y}_e$ 的导数计算如下：

$$\dot{\tilde{y}}_e = V_d \sin \psi_e - \left(x_e + \frac{k_2 \cos \psi_e}{V_d} \right) u_2^* + \frac{k_2 \cos \psi_e \dot{\psi}_d}{V_d} - \frac{k_2 \sin \psi_e \dot{V}_d}{V_d^2} \tag{6-16}$$

式中，$\dot{V}_d$ 是所需前进速度的一阶导数，可以根据参考轨迹计算。为了保证当 $t \to \infty$ 时 $\tilde{y}_e \to 0$ 或 $y_e \to y_e^d$，考虑李雅普诺夫函数为

$$V_2 = V_1 + \frac{1}{2} \tilde{y}_e^2 \tag{6-17}$$

根据式（6-11）和式（6-16），V_2 的时间导数是

$$\dot{V}_2 = x_e (-u_1^* + V_d \cos \psi_e) + y_e V_d \sin \psi_e +$$

$$\tilde{y}_e \left[V_d \sin \psi_e - \left(x_e + \frac{k_2 \cos \psi_e}{V_d} \right) u_2^* + \frac{k_2 \cos \psi_e \dot{\psi}_d}{V_d} - \frac{k_2 \sin \psi_e \dot{V}_d}{V_d^2} \right] \tag{6-18}$$

将式（6-12）、式（6-13）和式（6-15）代入式（6-18），$\dot{V}_2$ 可以推导为

$$\dot{V}_2 = -k_1 x_e^2 - k_2 \sin^2 \psi_e +$$

$$\tilde{y}_e \left[2 V_d \sin \psi_e - \left(x_e + \frac{k_2 \cos \psi_e}{V_d} \right) u_2^* + \frac{k_2 \cos \psi_e \dot{\psi}_d}{V_d} - \frac{k_2 \sin \psi_e \dot{V}_d}{V_d^2} \right] \tag{6-19}$$

在式（6-19）中选择 u_2^*

$$u_2^* = \frac{k_3 \tilde{y}_e + 2 V_d \sin \psi_e + \dfrac{k_2 \cos \psi_e \dot{\psi}_d}{V_d} - \dfrac{k_2 \sin \psi_e \dot{V}_d}{V_d^2}}{x_e + \dfrac{k_2 \cos \psi_e}{V_d}} \tag{6-20}$$

式中:

$$\tilde{y}_e = y_e + \frac{k_2 \sin \psi_e}{V_d} \qquad (6-21)$$

k_3 是正常数增益。然后，$\dot{V}_2$ 可由下式获得:

$$\dot{V}_2 = -k_1 x_e^2 - k_2 \sin^2 \psi_e - k_3 \tilde{y}_e^2 \qquad (6-22)$$

显然，对于 $\forall t \in (0, +\infty)$，$\dot{V}_2 \leq 0$。可以得出结论，对于所有初始条件，控制系统将收敛到定义为 $\{x_e = 0, y_e = 0, \tilde{y}_e = 0\}$ 的集合。当 $\tilde{y}_e \to 0$ 时，$y_e \to y_e^d = -k_2 \sin \psi_e / V_d$。由于 $k_2 > 0$，$V_d > 0$ 且 $|\psi_e| < \pi$ rad，当横向位置误差 $y_e \to 0$ 时，偏航角误差 ψ_e 也收敛于 0。当 $t \to \infty$ 时 $\boldsymbol{p}_e \to \boldsymbol{0}$ 的控制目标就是这样实现的。提出的控制律如下所示:

$$\begin{cases} u_1^* = V_d \cos \psi_e + k_1 x_e \\ \\ u_2^* = \dfrac{k_3 \tilde{y}_e + 2 V_d \sin \psi_e + \dfrac{k_2 \cos \psi_e \dot{\psi}_d}{V_d} - \dfrac{k_2 \sin \psi_e \dot{V}_d}{V_d^2}}{x_e + \dfrac{k_2 \cos \psi_e}{V_d}} \end{cases} \qquad (6-23)$$

由于车辆系统的实际输入是 $\boldsymbol{u}$ 而不是 $\boldsymbol{u}^*$，上述控制律应转换为 $\boldsymbol{u}$:

$$\begin{cases} u_1 = u_1^* = V_d \cos \psi_e + k_1 x_e \\ \\ u_2 = \arctan \left(\dfrac{l}{u_1^*} u_2^* \right) \\ \\ = \arctan \left[\dfrac{l \left(k_3 \tilde{y}_e + 2 V_d \sin \psi_e + \dfrac{k_2 \cos \psi_e \dot{\psi}_d}{V_d} - \dfrac{k_2 \sin \psi_e \dot{V}_d}{V_d^2} \right)}{u_1 \left(x_e + \dfrac{k_2 \cos \psi_e}{V_d} \right)} \right] \end{cases} \qquad (6-24)$$

式中，$\tilde{y}_e$ 由式 (6-21) 给出。

6.2.2　自适应增益和输入约束

式 (6-24) 中提出的控制律是控制增益和姿态误差的函数: $\boldsymbol{u} = f(\boldsymbol{K}, \boldsymbol{p}_e)$，其中 $\boldsymbol{K} = [k_1, k_2, k_3]^T$，$\boldsymbol{p}_e = [x_e, y_e, \psi_e]^T$。给定一组恒定增益 $\boldsymbol{K}$，基于式 (6-24) 的指令输入可能超出了式 (6-7) 给出的输入物理允许范围，尤

其是对于存在较大初始误差的情况。由于执行器的执行限制，过大的输入将导致较大的跟踪误差，甚至使系统不稳定。此外，当车辆远离参考轨迹时，总是期望尽可能快地驱动车辆接近参考轨迹。考虑到这些影响，接下来将设计自适应控制增益并考虑输入约束。

从式（6-24）中的 u_1，可以获得以下结果：

$$|u_1| \leq V_d + k_1 |x_e| \tag{6-25}$$

定义 d_x 为 $|x_e|$ 的阈值距离，显然 $d_x > 0$。如果 $|x_e| \leq d_x$，则

$$|u_1| \leq V_d + k_1 d_x \tag{6-26}$$

为了保证 $|u_1| \leq u_1^m$，那么 $V_d + k_1 d_x$ 应该不大于 u_1^m。在当 $|x_e| = d_x$ 时，k_1 为

$$k_1 \big|_{|x_e|=d_x} = \frac{u_1^m - V_d}{d_x} \tag{6-27}$$

则当 $|x_e| \leq d_x$，将确保 $|u_1|$ 不大于 u_1^m。当 $|x_e| > d_x$ 时，表示车辆远离参考轨迹，并且车辆将期望以最大速度行驶，以快速接近轨迹。基于此，设计 k_1，将其作为 $|x_e| > d_x$ 时 $|x_e|$ 的倒数函数变化，因此：

$$k_1(|x_e|) = \frac{\Delta}{|x_e|}, \quad |x_e| > d_x \tag{6-28}$$

式中，Δ 是基于以下条件获得的：在 $|x_e| = d_x$ 时，指令速度为 u_1^m，因此：

$$\Delta = u_1^m - V_d \tag{6-29}$$

倒数函数随着 $|x_e|$ 的减小而迅速增加。对于 $|x_e| \leq d_x$，仅当值 k_1 在倒数函数曲线下，指令 u_1 小于 u_1^m。通常，在给定一组 $|x_e|$ 和 V_d 的情况下，k_1 越大，响应速度越快。然而，过大的 k_1 将导致车辆的加速度过大甚至速度振荡。基于此，k_1 被设置为自适应于 $|x_e|$，遵循如下二次函数：

$$k_1(|x_e|) = -a_1 |x_e|^2 + a_2, \quad |x_e| \leq d_x \tag{6-30}$$

式中，a_1 和 a_2 是两个常数系数。假设 k_1 的完整曲线在位置 $|x_e| = d_x$ 处有连续的一阶导数，因此：

$$\begin{cases} -a_1 d_x^2 + a_2 = \dfrac{\Delta}{d_x} \\[3mm] -2a_1 d_x = -\dfrac{\Delta}{d_x^2} \end{cases} \tag{6-31}$$

通过处理上述等式，a_1 和 a_2 分别为 $\Delta/(2d_x^3)$ 和 $3\Delta/(2d_x)$。因此，作为 $|x_e|$ 的分段函数，设计的控制增益 k_1 可描述为

$$k_1(|x_e|) = \begin{cases} -\dfrac{\Delta}{2\,d_x^3}|x_e|^2 + \dfrac{3\Delta}{2\,d_x}, & |x_e| \leqslant d_x \\[4mm] \dfrac{\Delta}{|x_e|}, & |x_e| > d_x \end{cases} \tag{6-32}$$

式中，Δ 见式（6-29）。根据系统稳定性的要求，k_1 应始终为正值。然而，见式（6-32），当 V_d 等于 u_1^m 时，k_1 可能变为零。为了避免这种情况发生，$\tanh(\cdot)$ 函数被引入 Δ 中：

$$\Delta = u_1^m - V_d \tanh\left(\frac{V_d}{\sigma}\right) \tag{6-33}$$

式中，$\sigma > 0$ 是可调参数。所设计的控制增益 k_1，作为 $|x_e|$ 的分段函数，最后被描述为

$$k_1(|x_e|) = \begin{cases} -\dfrac{u_1^m - V_d \tanh\left(\dfrac{V_d}{\sigma}\right)}{2d_x^3}|x_e|^2 + \dfrac{3\left[u_1^m - V_d \tanh\left(\dfrac{V_d}{\sigma}\right)\right]}{2d_x}, & |x_e| \leqslant d_x \\[6mm] \dfrac{u_1^m - V_d \tanh\left(\dfrac{V_d}{\sigma}\right)}{|x_e|}, & |x_e| > d_x \end{cases} \tag{6-34}$$

k_1 作为 $|x_e|$ 的函数的示意图如图 6-3 所示。如图所示，k_1 随着 $|x_e|$ 的增加而逐渐降低，从而在综合考虑响应速度和输入约束条件的情况下，实现更佳的性能。

从 u_2 的表达式（6-24）看，它的表达式比较复杂，与三个误差 x_e、y_e 和 ψ_e 都相关。很难像 k_1 一样，直接设计同时考虑输入约束的自适应 k_2 和 k_3。这里提出了一种折中的方法。回想一下，我们期望 y_e 沿 y_e^d 变化，见式（6-12），

可以选择 k_2 为 V_d 的函数，以补偿前进速度对跟踪结果的影响（尤其是为了提高横向位置误差的收敛速度）。为简单起见，将 k_2 设置为与 V_d 成比例：

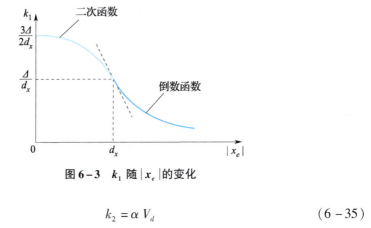

图 6-3　k_1 随 $|x_e|$ 的变化

$$k_2 = \alpha\, V_d \tag{6-35}$$

式中，$\alpha > 0$ 是可调的常量参数。由此，$\dot{k}_2 = \alpha\dot{V}_d$ 和 y_d 变为 $-\alpha\sin\psi_e$，与期望的速度无关。这样做，横向位置误差的收敛速度会明显提高。按照式（6-10）~式（6-24）的步骤，可得到新的输入向量 $\boldsymbol{u}^c = [\,u_1^c, u_2^c\,]$ 为

$$\begin{cases} u_1^c = V_d\cos\psi_e + k_1(\,|\,x_e\,|\,)x_e \\[2mm] u_2^c = \arctan\left\{ \dfrac{l\,\left[\,k_3(y_e + \alpha\sin\psi_e)\ + 2\,V_d\sin\psi_e + \alpha\cos\psi_e\dot{\psi}_d\,\right]}{u_1^c(x_e + \alpha\cos\psi_e)} \right\} \end{cases} \tag{6-36}$$

值得注意的是，由于根据式（6-35）选择 k_2 进行了代数化简，$\dot{k}_2$ 和 $\dot{V}_d$ 都消失了。由于始终满足 $u_1^c \le u_1^m$，因此车速的实际输入为

$$u_1 = u_1^c \tag{6-37}$$

由于 u_2^c 的复杂形式，单独调整 k_3 不能保证转向角不违反约束。为了简化问题，在设定恒定增益 k_3 之后，使用以下转向控制律：

$$u_2 = \begin{cases} u_2^c, & \text{if } |\,u_2^c\,| < u_2^m \\[1mm] u_2^m, & \text{if } u_2^c \ge u_2^m \\[1mm] -u_2^m, & \text{if } u_2^c \le -u_2^m \end{cases} \tag{6-38}$$

以实现可接受的车辆轨迹跟踪结果。

定理 6.1 对于低速的车辆，使用由式（6 – 37）和式（6 – 38）给出的控制律，在 $V_d > 0$ 和 $|\psi_e| < \pi$ rad 下，将保证系统近似全局渐近稳定在 $\boldsymbol{p}_e = \boldsymbol{0}$。

证明 6.1 当 $|u_2^c| \leqslant u_2^m$ 时，速度控制律（6 – 37）和转向控制律（6 – 38）可以使系统在 $\boldsymbol{p}_e = \boldsymbol{0}$ 处全局渐近稳定，如 6.3.1 节所述。

为了分析 $|u_2^c| \geqslant u_2^m$ 的系统稳定性，考虑李雅普诺夫函数候选项为

$$V_3 = \frac{1}{2}(x_e^2 + y_e^2) + u_1^m(1 - \cos \psi_e) \tag{6-39}$$

其中，$u_1^m > 0$ 是车辆的最大前进速度。很明显，$V_3 \geqslant 0$。如果 $\boldsymbol{p}_e = \boldsymbol{0}$，$V_3 = 0$；如果 $\boldsymbol{p}_e \neq \boldsymbol{0}$，$V_3 > 0$。$V_3$ 沿误差动力学方程（6 – 6）与控制律（6 – 37）和控制律（6 – 38）的时间导数是

$$\begin{aligned}\dot{V}_3 &= -k_1(|x_e|)x_e^2 + y_e V_d \sin \psi_e + \left(\frac{V_d}{l}\tan \delta_d - \frac{u_1^c}{l}\tan u_2\right)\sin \psi_e u_1^m \\ &= -k_1(|x_e|)x_e^2 + y_e V_d \sin \psi_e + (\dot{\psi}_d \mp \dot{\psi}_m)\sin \psi_e u_1^m\end{aligned} \tag{6-40}$$

式中，$\dot{\psi}_m = u_1^c \tan u_2^m / l > 0$ 为当前速度下的最大横摆角速度。第一项 $-k_1(|x_e|)x_e^2 \leqslant 0$。注意，当 $\psi_e > 0$ 时，$u_2^c \geqslant u_2^m$；当 $\psi_e < 0$ 且 $|\psi_e| < \pi$ rad 时，$u_2^c \leqslant -u_2^m$；第三项 $(\dot{\psi}_d \mp \dot{\psi}_m)\sin \psi_e u_1^m$ 因此总是非正的。在饱和转向输入 $u_2 = \pm u_2^m$ 下，$|\sin \psi_e|$ 减小，$|y_e V_d \sin \psi_e|$ 可以有界。还需要强调的是，在 $|u_2^c| < u_2^m$ 时，位姿误差 y_e 和 ψ_e 会显著减小。虽然 $\dot{V}_3$ 有可能变为正，但相应的幅度和持续时间都很小，对跟踪误差收敛到零的影响很小。所提出的自适应控制方案得到了在 $\boldsymbol{p}_e = \boldsymbol{0}$ 处具有近似全局渐近稳定平衡的闭环系统。只要 x_e、y_e 和 ψ_e 的初始误差选择得当，仍然可以保证 $\dot{V}_3$ 始终非正，这使得跟踪系统即使在转向饱和的影响下也能全局渐近稳定。以下的模拟仿真和试验结果都将证明这一点。

备注 6.1 式（6 – 34）中设计的自适应 k_1 随着 $|x_e|$ 的减小而增大，也正有助于使 $\dot{V}_3$ 为负。

备注 6.2 当考虑 $|u_2^c| \geqslant u_2^m$ 下的转向饱和时，在式（6 – 37）和式（6 – 38）给出的控制律下，全局渐近稳定区域相当大，但是精确的区域确定可能比较困难。

6.3 仿真结果

为了验证所提控制方案的有效性和优越性，首先在 MATLAB/Simulink 中进行了数值仿真研究。车辆要求跟踪的圆形轨迹由下式给出：

$$\begin{cases} X_d(t) = 1.5\sin(0.4t + 0.2) + 0.7 \\ Y_d(t) = 1.5[1 - \cos(0.4t + 0.2)] - 1.5 \end{cases} \tag{6-41}$$

根据式（6-41），参考车速、偏航角和偏航角速度可由下式得到：

$$\begin{cases} V_d(t) = \sqrt{\dot{X}_d^2(t) + \dot{Y}_d^2(t)} \\[2mm] \psi_d(t) = \mathrm{atan2}\{2\,\dot{Y}_d(t),\ \dot{X}_d(t)\} \\[2mm] \dot{\psi}_d(t) = \dfrac{\ddot{Y}_d(t)\dot{X}_d(t) - \ddot{X}_d\dot{Y}_d(t)}{V_d^2(t)} \end{cases} \tag{6-42}$$

表 6-1 中列出了跟踪车辆的初始条件。为了进行比较研究，还比较了文献 [155] 中的反步法控制器（标为控制器 1）和 [158] 中的经典稳定跟踪控制器（标为控制器 2）的性能。以获得可接受的跟踪结果为准，控制器 1 和控制器 2 的控制增益分别设为 $[1.98, 1.98, 1.98]^T$ 和 $[1.65, 1.65, 1.65]^T$。式（6-34）和式（6-35）中提出的控制器的控制参数为 $d_x = 1\mathrm{m}$，$\sigma = 0.3$，$\alpha = 0.75$，式（6-36）中的固定增益 k_3 为 1.65，以保证性能比较的公平性。

图 6-4 显示了圆形轨迹的跟踪结果。尽管三个控制器都能够保证纵向位置、横向位置和偏航角跟踪误差最终趋近于零，但是在瞬态性能方面观察到显著的差异。所提出的控制器使得三个跟踪误差平滑变化，并且瞬态时间小于 5s。控制器 1 使三个跟踪误差具有明显的振荡，但是控制器 2 使横向位置和横摆角速度误差的收敛速度都很慢。因此，如图 6-4d 所示，三个控制器的实际轨迹差别很大。不难看出，尽管控制器 1 随后以中等收敛速度很好地跟踪参考轨迹，但控

表 6-1 圆形轨迹跟踪的初始条件

$p_d(0)$	$p_c(0)$	$p_e(0)$
$[0.998,\ -1.470,\ 0.2]^T$	$[-0.128,\ 0,\ 0]^T$	$[1.126,\ -1.47,\ 0.2]^T$

制器 1 转向太迟，导致车辆偏离圆形轨迹。控制器 2 过早转向，并以较慢的速率跟随参考轨迹，以减小与参考轨迹的偏差。需要注意的是，如图 6-4b 所示，控制器 2 需要 12s 以上的时间才能将三个跟踪误差收敛为零。

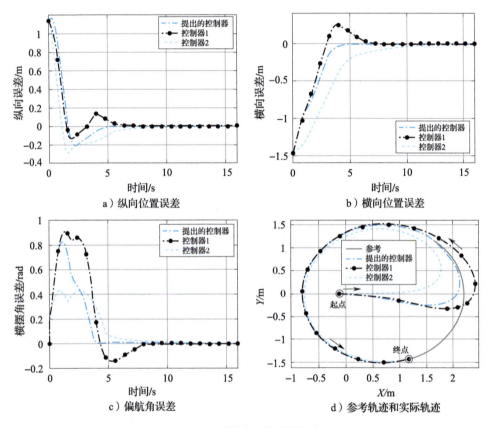

图 6-4　圆形轨迹的跟踪结果

　　三个控制器的指令输入如图 6-5 所示。由于较大的初始误差，控制器 1 和控制器 2 的指令速度和转向角都大大超过了输入极限。如图 6-4d 所示，虽然控制器 1 和控制器 2 的轨迹跟踪结果在仿真中是可以接受的，但将这种过大的输入应用于实际平台可能会导致控制系统不稳定，从而导致轨迹跟踪失败。相比之下，本书所提出控制器的输入命令确保在输入边界内。这些都是通过设计自适应增益和考虑转向饱和来实现的。自适应增益 k_1 和 k_2 的变化如图 6-6a 所示。在第一个 1.5s 期间，k_1 随着纵向位置误差绝对值的减小而增加，以在短时间内驱动车辆接近参考轨迹。之后，由于纵向位置跟踪误差变得非常小，k_1 稳定在 1.4 左右。在这种情况下，因为圆形轨迹的期望速度是恒定的，k_2 保持恒定值。从

图 6-5b 中可以看出，所提出控制器的转向角在 2 ~ 3s 内饱和。因此，在 $\dot{V}_3$ 的演变中可以观察到振荡，如图 6-6b 所示。然而，在整个模拟过程中，$\dot{V}_2$ 和 $\dot{V}_3$ 都是非正的，表明了式（6-37）和式（6-38）给出的控制律的有效性和稳定性。

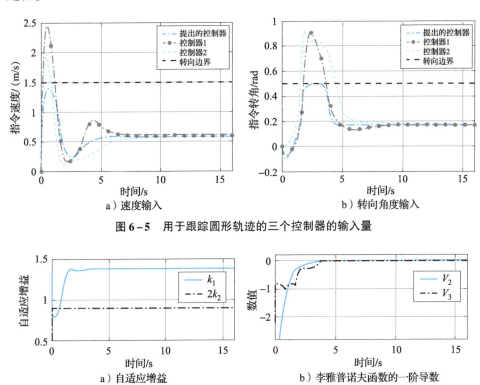

a）速度输入　　　　　　　　　　b）转向角度输入

图 6-5　用于跟踪圆形轨迹的三个控制器的输入量

a）自适应增益　　　　　　　　　　b）李雅普诺夫函数的一阶导数

图 6-6　所提出的控制器在跟踪圆形轨迹时自适应增益和李雅普诺夫函数的一阶导数

6.4　试验结果

　　为了进一步验证所提出的控制策略在实践中的有效性，在 Quanser 自动驾驶汽车（QCar）平台上进行了试验测试。与仿真研究类似，为了进行比较研究，同样还展示了控制器 1[155] 和控制器 2[158] 的轨迹跟踪结果。为了便于比较，三个控制器的所有控制参数都与仿真研究中的参数设置相同。试验装置的描述见 4.5.1 节。试验装置的示意图如图 4-14 所示。表 4-5 中总结了 QCar 的主要参数。本试验的相关视频可在以下网址查看：https：//youtu.be/JTpX6-I-hxo。

6.4.1　初始条件设置

在试验中，选择了一个更复杂但与实际道路更相似的 S 形轨迹作为参考轨迹。该轨迹的方程如下：

$$\begin{cases} X_d(t) = a_{11} + 0.8\sin(0.4t + a_{12}) \\ Y_d(t) = a_{21} + 2.2\cos(0.2t + a_{12}) \end{cases} \quad (6-43)$$

式中，a_{11}、a_{12} 和 a_{21} 是用于定义轨迹跟踪初始条件的系数。考虑了对应于小初始误差（情景一）和大初始误差（情景二）的两种情景，初始条件见表 6-2。根据式（6-43）中的实时参考位置 $X_d(t)$ 和 $Y_d(t)$，按照式（6-42）得出参考车速、横摆角和横摆角速度。

表 6-2　试验测试中跟踪 S 形轨迹的初始条件

情景	$[a_{11}, a_{12}, a_{21}]$	$p_d(0)$	$p_e(0)$
情景一	$[0.2, -0.1, -2.4]$	$[0.120, -0.211, 0.137]^\mathrm{T}$	$[0.248, -0.211, 0.137]^\mathrm{T}$
情景二	$[0.7, 0.1, -2.2]$	$[0.780, -0.011, -0.137]^\mathrm{T}$	$[0.908, -0.011, -0.137]^\mathrm{T}$

6.4.2　QCar 测试结果

1. 情景一

图 6-7 显示了在初始姿态误差较小的情况下 S 形轨迹的跟踪结果。如图 6-7a 所示，三个控制器的纵向位置误差不相上下。然而，所提出的控制器在消除横向位置误差方面具有明显的优势。如图 6-7b 所示，与其他两种控制器相比，所提出的控制器的横向位置误差不仅收敛速度更快，而且振荡幅度也更小。如图 6-7c 所示，虽然控制器 2 的横摆角误差在第一个拐角处（3~5s）略小于所提出的控制器的横摆角误差，但当 QCar 到达第二个拐角时（12~14s），控制器 2 的横摆角误差比所提出的控制器大得多。图 6-7d 展示了 QCar 在三种控制器下的 S 形参考轨迹和实际轨迹。在整个试验过程中，所提出的控制器以最高的精度跟踪参考轨迹，尽管由于初始误差在第一个拐角处存在与参考轨迹的小偏差。虽然在试验的大部分时间内，控制器 2 已经显

示出与所提出的控制器相当的跟踪精度，但是它是唯一在第二个拐角处具有明显偏差的控制器。而控制器 1 甚至在第一个拐角就与参考轨迹产生了较大偏差。尽管当 QCar 进入第二个拐角时，偏差逐渐减小到零，但是此后仍观察到较小的轨迹误差。

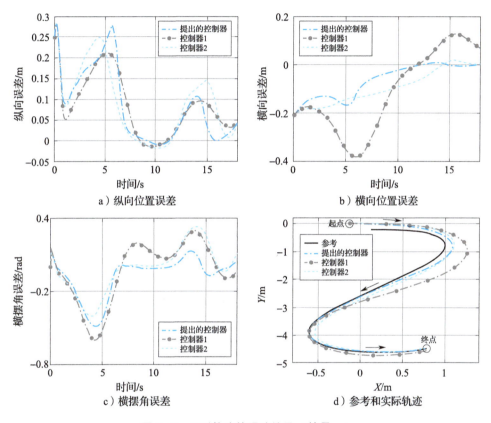

图 6-7　S 形轨迹的跟踪结果（情景一）

三个控制器的指令输入如图 6-8 所示。由于本情景中考虑的初始姿态误差较小，因此速度和转向角输入都在输入边界内。图 6-8b 中提出的控制器的饱和转向角输入反映了提出的控制器充分利用转向能力来跟踪第一个拐角处的参考轨迹。通过使用图 6-9a 所示的随时间变化的自适应增益，在第二个拐角处，所提出的控制器的指令转向输入比控制器 2 的小得多。$\dot{V}_2$ 和 $\dot{V}_3$ 随时间的变化如图 6-9b 所示。可以清楚地看到，尽管指令转角在第一个拐角处（3～5s）饱和，但 $\dot{V}_2$ 和 $\dot{V}_3$ 确实被确保为非正。

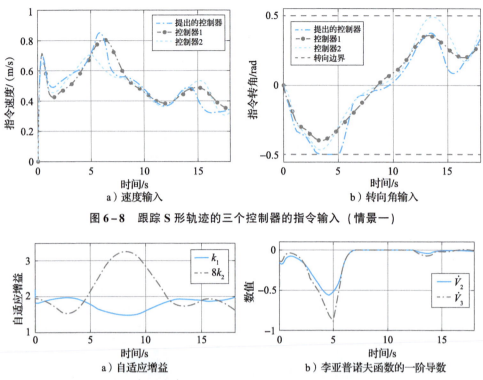

a）速度输入

b）转向角输入

图 6-8 跟踪 S 形轨迹的三个控制器的指令输入（情景一）

a）自适应增益

b）李亚普诺夫函数的一阶导数

图 6-9 所提出的控制器在跟踪 S 形轨迹时自适应增益
和李亚普诺夫函数的一阶导数（情景一）

2. 情景二

图 6-10 显示了在初始姿态误差较大的情况下 S 形轨迹的跟踪结果。虽然纵向位置误差与其他两个控制器接近，但控制器 1 的跟踪性能最差。与控制器 2 和所提出的控制器相比，控制器 1 的横向位置误差和偏航角误差要大得多。

相比之下，控制器 2 和所提出的控制器在纵向和横向位置以及横摆角方面具有相当的跟踪性能。图 6-10d 绘制了 QCar 的运行轨迹。从图中可以看出，所提出的控制器在跟踪参考轨迹方面的精度略高于控制器 2，尤其是 QCar 位于第一和第二拐角之间时（5~14 s）。然而，控制器 1 似乎太晚操纵 QCar，导致在第一个拐角处与参考轨迹出现较大偏差。此后，控制器 1 逐渐驱动 QCar 接近参考轨迹，但是，在第二拐角之后仍观察到较大的轨迹误差。

虽然所提出的控制器和控制器 2 的实际轨迹接近，但如图 6-11 所示，最大的差别在于输入指令。由于本情景考虑了较大的初始姿态误差，控制器 1 在大约 1s 时的速度指令和控制器 2 在第二拐角期间（12~14s）的转向角指令已经超过了它们各自的输入边界，具体地说分别是 1.5m/s 和 0.5rad。这些过大的输入可能会对电机产生有害影响，有时甚至会导致 QCar 不稳定。相比之下，所提出的控制器的速度和转向角都能保证在输入边界内。

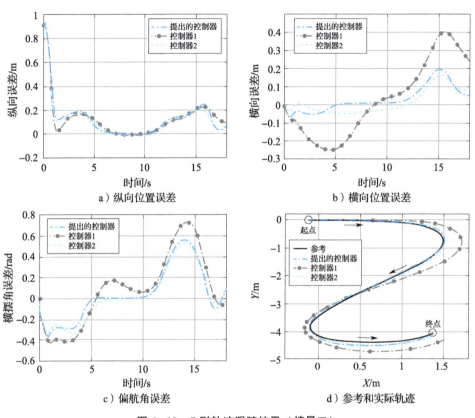

图 6-10　S 形轨迹跟踪结果（情景二）

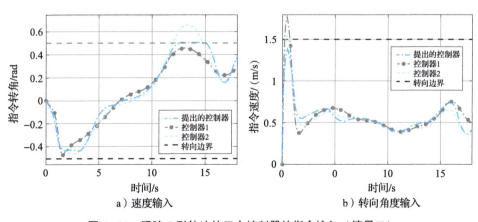

图 6-11　跟踪 S 形轨迹的三个控制器的指令输入（情景二）

从图 6-10d 中可以看出，在略微牺牲所提出的控制器的转向饱和度的情况下，在第二个拐角之后存在一个小切角误差。无论如何，所提出的控制器的跟踪结果仍然与控制器 2 的跟踪结果相当。设计的自适应增益 k_1 和 k_2 的变化如图 6-12a 所示。即使在第二个拐角处受到转向饱和的影响，李亚普诺夫函数的一阶导数 $\dot{V}_2$ 和 $\dot{V}_3$ 仍然保证为非正值，如图 6-12b 所示。

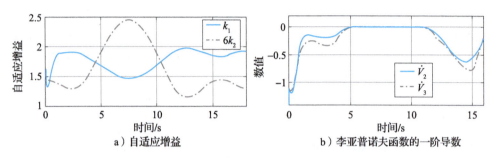

a）自适应增益　　　　　　　　b）李亚普诺夫函数的一阶导数

图 6-12　所提出的控制器在跟踪 S 形轨迹时自适应增益
和李亚普诺夫函数的一阶导数（情景二）

6.5　本章小结

本章研究了输入约束下低速自动驾驶汽车的轨迹跟踪控制问题。基于运动学模型，将自适应控制增益的设计和转向饱和以一种有趣的方式结合在反步技术中，构造了一种针对输入约束的自适应轨迹跟踪控制方案。自适应控制增益的设计不仅减少了传统方法通常忽略的调参工作，而且提高了跟踪误差（尤其是横向位置误差）的收敛速度。虽然在转向饱和的影响下，所提出的控制方案的全局渐近稳定区域相当大，但精确确定该稳定区域可能比较困难。通过对比仿真和试验测试，验证了所提出的控制方案在跟踪精度方面的优势，同时满足了执行器执行能力的要求。

第 7 章

未来展望

7.1 本书主要贡献和亮点

本书的研究有助于设计和开发与 TRFC 估测相结合的轨迹规划和跟踪策略，从而提高自动驾驶汽车在不同道路附着条件下的安全性和可靠性。与大多数忽视道路附着系数的研究中的自动驾驶汽车 GNC 架构不同，本书在规划和/或跟踪阶段整合了估测的 TRFC 信息，为未来道路上的自动驾驶汽车提供了新的方法策略。在规划阶段考虑估计的路面摩擦力对自动驾驶汽车至关重要，因为车辆运动直接受到轮胎－路面所产生的力和力矩的影响。本书的主要贡献和亮点概述如下：

1）充分利用 EKF 和 UKF 技术，开发了一种分层 TRFC 估测框架，在确保估测精度的同时，有效降低了计算需求。接着，进一步设计了 CUKF 框架，以便在考虑车辆纵向动力学的情况下实现 TRFC 估测的快速收敛和提高精度。

2）TRFC 估测框架是在传统机载传感器测量结果的基础上开发的，以方便实际应用。横向速度是唯一的例外，但在所设计的估测框架内很容易估测。

3）短时制动压力脉冲的输入是为了产生足够的纵向激励，用于 TRFC 估测，同时确保车辆运动只有较小的扰动。

4）考虑到各种车速、道路附着系数和变道机动，说明了 TRFC 框架的稳健性和估测准确性。

5）为自动驾驶汽车设计了一种新的计算效率高的轨迹规划方案，将变道轨迹规划问题简化为选择适当的变道持续时间。所提出的轨迹规划方案的主要特点可根据车内人员的偏好轻松定制。

6）设计适应 TRFC 的加速度约束和适应速度的急动度约束用于智能驾驶，同时确保乘员的舒适性。这些约束统一被整合进轨迹规划方案中，并考虑了多种道路附着系数和前进速度。

7）通过将成本函数中的输出权重与 TRFC 定义的输出幅度约束相结合，设计出了一种新的 MPC 方案。所提出的 MPC 方案只需横向位置输入即可跟踪目标路径。

8）确定了成本函数中输出的自适应权重，以确保所提出的 MPC 方案在各种速度下都能有效运行。因此，自适应轨迹跟踪控制方案扩大了其适用范围。

9）在考虑转向饱和的情况下，通过使用反步技术设计自适应控制增益，确保低速自动驾驶汽车的指令输入在规定的边界内。所提出的方案使跟踪误差迅速收敛，尤其是对与参考轨迹的横向偏差。

10）为了验证所提出的自适应轨迹跟踪控制方案的有效性，本书在与真车比例 1∶10 的 QCar 自动驾驶测试平台做了试验。试验结果表明了所提出的控制方案在低速运行时的有效性。

7.2　本书主要结论

从本书各个方面的研究得出的主要结论概述如下：

1）所提出的分层 TRFC 估测框架同时使用了 EKF 和 UKF 技术，可以根据车辆对典型的单双线变道操作激励的横向动态响应，准确估测 TRFC。

2）TRFC 估测框架的准确性在很大程度上取决于车辆对所施加激励的响应幅度。在 DLC 输入下遇到的横向轮胎激励相对较大，虽然会对车辆运动造成较大干扰，使乘员感到不适，但仍能获得准确的估测结果。因此，SLC 输入被认为在限制对车辆运动的干扰，同时确保对 TRFC 进行准确估测（尤其是在路面附着系数低于 0.8 时）方面具有优势。

3）基于制动压力脉冲方法的路面附着系数估测误差受制动压力大小的影响。制动压力太小会导致滑移率不足，从而导致 TRFC 欠估测。

4）一旦制动压力的大小选择得当，滑移率和 TRFC 的误差对车速变化的敏感性就非常低。所提出的基于短时制动压力脉冲的方法可以在较宽的初始车速范围内有效地估测 TRFC，而对车辆运动的干扰却小得多。

5）根据所提出的七阶多项式曲线进行轨迹规划，可确保在满足目标乘员舒适度的前提下，获得对应于 SLC 的平滑轨迹。

6）将 TRFC 自适应加速度和速度自适应急动度约束集成到规划方案中，有助于实现与经验丰富的人类驾驶员相似的行车轨迹。通过分析人类驾驶员模型的跟踪误差，所规划轨迹的可跟踪性得到了验证。

7）研究结果表明，通过考虑 TRFC 和车速，可以简单地模拟熟练驾驶员的

DLC 轨迹。通过操纵 MPC 成本函数中的输出权重，可以在只知道横向位置的情况下有效地跟踪 DLC 轨迹。

8）MPC 方案的跟踪误差大小在很大程度上取决于速度。随着前进速度的增加，增加偏航率的输出权重可以改善跟踪性能。此外，为了确保 MPC 的稳定性，应限制最大前进速度。

9）设计一个具有车辆速度和位置误差自适应控制增益的轨迹跟踪控制器，不仅可以方便地调整控制器，还能提高跟踪性能。

10）当考虑转向饱和时，对于低速类汽车而言，在所提出的控制法则下，全局渐近稳定区域相当大。然而，准确确定该区域的大小可能比较困难。

11）基于缩放模型 QCar 自动驾驶平台的试验结果表明，当自动驾驶汽车以相对较低的速度行驶时，运动控制器的跟踪性能是可以接受的。

12）在试验测试中，应避免长时间的输入饱和，这可能会导致 QCar 的不稳定性。

7.3 对未来研究的建议

目前的研究通过将规划和跟踪方法与 TRFC 信息相结合，同时尽量减少对车辆运动的干扰，为提高自动驾驶汽车的实际应用提供了极具吸引力的潜力。然而，在为自动驾驶汽车开发更可靠、更稳健的路径规划和路径跟踪方面，还需要付出更多努力。下面简要介绍一些建议的未来方向：

1）TRFC 估测方法总是需要对车辆进行横向或纵向激励，依赖激励下车辆的动态响应。然而，这种激励会对车辆运动造成明显干扰，使乘员感到厌烦。因此，最好能寻求在侧滑或滑移率变化相对较小的情况下，就可根据车辆动态状态的变化估测 TRFC 的方法。

2）本书提出的自动驾驶汽车 TRFC 估测方法仅使用 CarSim™ 平台和 MATLAB/Simulink™ 进行了验证。建议通过考虑不同道路附着系数条件、车速和横向/纵向激励的实车道路测试来评估 TRFC 估测方法的有效性。

3）本书提出的轨迹规划框架和基于 MPC 的跟踪方案仅限于在恒定速度下的特定定向机动。应考虑在不同速度下、多种形式机动动作下，对所提方案的有效性进行研究。此外，还应该探索变速轨迹规划和跟踪方案，以在自动驾驶汽车中得到更多实际应用。

4）基于纵向动力学的 TRFC 估测方法仅限于车辆在摩擦力均匀分布的直线道路上行驶。需要探索新的估测方法，对车辆在弯曲道路和附着系数非均匀分布或变化的路段上运行时仍旧具有有效性。这将有助于提高所提出轨迹规划和跟踪方案的稳健性和有效性。

5）在本书中，轨迹规划和跟踪控制仅限于变道情况，没有考虑目标车道（相邻车道）上的车辆。开发适用于协同驾驶场景的轨迹规划和跟踪框架，同时考虑当前车道和相邻车道上主机车周围的多辆车交通情形是非常重要的。

6）鉴于低速自动驾驶汽车轨迹跟踪的实用性，加速度和转向率的约束同样重要，在自适应控制方案策略中也应加以考虑。

附录　常用缩写词

序号	缩写词	中文名称	英文名称
1	ABS	防抱死制动系统	Anti-lock braking system
2	ACC	自适应巡航控制	Adaptive cruise control
3	AVs	自动驾驶汽车	Autonomous vehicles
4	CG	重心	Center of gravity
5	CUKF	受限无迹卡尔曼滤波器	Constrained unscented Kalman filter
6	DEKF	双扩展卡尔曼滤波器	Dual extended Kalman filter
7	DGPS	差分全球定位系统	Differential global positioning system
8	DLC	双车道变换	Double-lane change
9	DOF	自由度	Degrees-of-freedom
10	EKF	扩展卡尔曼滤波器	Extended Kalman filter
11	GNC	制导、导航和控制	Guidance, navigation, and control
12	GPS	全球定位系统	Global positioning system
13	INS	惯性导航系统	Inertial navigation system
14	KF	卡尔曼滤波器	Kalman filter
15	LPs	车道规划器	Lane planners
16	LQR	线性二次调节器	Linear quadratic regulator
17	MF	魔法公式	Magic formula
18	MPC	模型预测控制	Model predictive control
19	MSE	均方误差	Mean squared error
20	NN	神经网络	Neural network
21	PID	比例 – 积分 – 微分	Proportional-integral-derivative
22	PSO	粒子群优化	Particle swarm optimization
23	QCar	Quanser 自动驾驶汽车	Quanser self-driving car
24	QP	二次规划	Quadratic programming

（续）

序号	缩写词	中文名称	英文名称
25	RLS	递归最小二乘法	Recursive least squares
26	RRTs	快速探索随机树	Rapidly-exploring random trees
27	SLAM	同时定位与地图构建	Simultaneous localization and mapping
28	SLC	单车道变换	Single-lane change
29	SMC	滑模控制	Sliding mode control
30	TCS	牵引力控制系统	Traction control system
31	TRFC	轮胎与路面摩擦系数	Tire-road friction coefficient
32	UKF	无迹卡尔曼滤波器	Unscented Kalman filter
33	V2VC	车对车通信	Vehicle-to-vehicle communication

参考文献

［1］ ANDERSON J M,NIDHI K,STANLEY K D,et al. Autonomous vehicle technology:a guide for policymakers[M]. Santa Monica: Rand Corporation,2014.

［2］ BAGLOEE S A,TAVANA M,ASADI M,et al. Autonomous vehicles: challenges,opportunities, and future implications for transportation policies[J]. Journal of Modern Transportation,2016, 24: 284 – 303.

［3］ HUSSAIN R,ZEADALLY S. Autonomous cars: research results,issues,and future challenges [J]. IEEE Communications Surveys & Tutorials,2018,21(2): 1275 – 1313.

［4］ COHEN S A,HOPKINS D. Autonomous vehicles and the future of urban tourism[J]. Annals of Tourism Research,2019,74: 33 – 42.

［5］ DICLEMENTE J,MOGOS S,WANG R. Autonomous car policy report[R]. Pittsburgh: Carnegie Mellon University,2014.

［6］ SHANKER R,JONAS A,DEVITT S,et al. Autonomous cars: self-driving the new auto industry paradigm[R]. New York: Morgan Stanley,2013.

［7］ Mercedes-Benz. The Mercedes-Benz F 015 Luxury in Motion[EB/OL]. [2020 – 06 – 21]. https://www. mercedes-benz. com. au/passengercars/campaigns/mercedes-benz-f – 015. html.

［8］ Wikipedia. Guidance,navigation,and control [EB/OL]. [2020 – 7 – 14]. https://en. wikipedia. org/wiki/Guidance,_navigation,_and_control.

［9］ ZHAO P,CHEN J,MEI T,et al. Dynamic motion planning for autonomous vehicle in unknown environments[C]//2011 IEEE Intelligent Vehicles Symposium (IV). New York: IEEE,2011: 284 – 289.

［10］ KATRAKAZAS C, QUDDUS M, CHEN W H, et al. Real-time motion planning methods for autonomous on-road driving: State-of-the-art and future research directions [J]. Transportation Research Part C: Emerging Technologies,2015,60: 416 – 442.

［11］ DIXIT S, FALLAH S, MONTANARO U, et al. Trajectory planning and tracking for autonomous overtaking: state-of-the-art and future prospects[J]. Annual Reviews in Control,2018,45: 76 – 86.

［12］ CHENG H. Autonomous intelligent vehicles: theory,algorithms,and implementation[M]. London: Springer,2011: 3 – 9.

［13］ KALA R. On-road intelligent vehicles: motion planning for intelligent transportation systems [M]. Oxford: Butterworth-Heinemann,2016.

［14］ WATZENIGD,HORN M. Automated driving: safer and more efficient future driving[M]. Cham: Springer,2016: 8.

［15］ GONZÁLEZ D, PÉREZ J, MILANÉS V, et al. A review of motion planning techniques for automated vehicles[J]. IEEE Transactions on Intelligent Transportation Systems,2015,17(4):

1135 – 1145.

[16] WANG J,ALEXANDER L,RAJAMANI R. Friction estimation on highway vehicles using longitudinal measurements[J]. J. Dyn. Sys. ,Meas. ,Control. ,2004,126(2):265 – 275.

[17] AHN C,PENG H,TSENG H E. Robust estimation of road frictional coefficient[J]. IEEE Transactions on Control Systems Technology,2011,21(1):1 – 13.

[18] SINGH K B,TAHERI S. Estimation of tire – road friction coefficient and its application in chassis control systems[J]. Systems Science & Control Engineering,2015,3(1):39 – 61.

[19] ZHANG X, GÖHLICH D. A hierarchical estimator development for estimation of tire-road friction coefficient[J]. PLoS ONE,2017,12(2):e0171085.

[20] HAN K,LEE E,CHOI M,et al. Adaptive scheme for the real-time estimation of tire-road friction coefficient and vehicle velocity[J]. IEEE/ASME Transactions on Mechatronics,2017,22(4):1508 – 1518.

[21] ZHAO J,ZHANG J,ZHU B. Development and verification of the tire/road friction estimation algorithm for antilock braking system [J]. Mathematical Problems in Engineering,2014:786492.

[22] VILLAGRA J,D'ANDRÉA-NOVEL B,FLIESS M,et al. A diagnosis-based approach for tire – road forces and maximum friction estimation[J]. Control Engineering Practice,2011,19(2):174 – 184.

[23] REN H,CHEN S,SHIM T,et al. Effective assessment of tyre – road friction coefficient using a hybrid estimator[J]. Vehicle System Dynamics,2014,52(8):1047 – 1065.

[24] WANG R, WANG J. Tire – road friction coefficient and tire cornering stiffness estimation based on longitudinal tire force difference generation[J]. Control Engineering Practice,2013,21(1):65 – 75.

[25] YAMADA M,UEDA K,HORIBA I,et al. Discrimination of the road condition toward understanding of vehicle driving environments[J]. IEEE Transactions on Intelligent Transportation Systems,2001,2(1):26 – 31.

[26] NISKANEN A,TUONONEN A J. Three three-axis IEPE accelerometers on the inner liner of a tire for finding the tire-road friction potential indicators[J]. Sensors,2015,15(8):19251 – 19263.

[27] DOGAN D,BOYRAZ P. Smart traction control systems for electric vehicles using acoustic road-type estimation[J]. IEEE Transactions on Intelligent Vehicles,2019,4(3):486 – 496.

[28] AHN C,PENG H,TSENG H E. Robust estimation of road friction coefficient using lateral and longitudinal vehicle dynamics[J]. Vehicle System Dynamics,2012,50(6):961 – 985.

[29] RAJAMANI R,PHANOMCHOENG G,PIYABONGKARN D,et al. Algorithms for real-time estimation of individual wheel tire-road friction coefficients[J]. IEEE/ASME Transactions on Mechatronics,2011,17(6):1183 – 1195.

[30] LI B,DU H,LI W. Comparative study of vehicle tyre – road friction coefficient estimation with a novel cost-effective method[J]. Vehicle System Dynamics,2014,52(8):1066 – 1098.

[31] LEE C, HEDRICK K, YI K. Real-time slip-based estimation of maximum tire-road friction coefficient[J]. IEEE/ASME Transactions on Mechatronics,2004,9(2):454 – 458.

[32] ERDOGAN G, ALEXANDER L, RAJAMANI R. Estimation of tire-road friction coefficient using a novel wireless piezoelectric tire sensor[J]. IEEE Sensors Journal,2010,11(2):267 – 279.

[33] KIM C S, HAHN J O, HONG K S, et al. Estimation of tire – road friction based on onboard 6-DoF acceleration measurement[J]. IEEE Transactions on Vehicular Technology,2014,64(8): 3368 – 3377.

[34] MADHUSUDHANAN A K, CORNO M, ARAT M A, et al. Load sensing bearing based road-tyre friction estimation considering combined tyre slip[J]. Mechatronics,2016,39: 136 – 146.

[35] ZHAO J, ZHANG J, ZHU B. Coordinative traction control of vehicles based on identification of the tyre – road friction coefficient[J]. Proceedings of the Institution of Mechanical Engineers, Part D: Journal of Automobile Engineering,2016,230(12): 1585 – 1604.

[36] KIM T, LEE J, YI K. Enhanced maximum tire-road friction coefficient estimation based advanced emergency braking algorithm[C]//2015 IEEE Intelligent Vehicles Symposium (IV). New York: IEEE,2015: 883 – 888.

[37] HU C, WANG R, WANG Z, et al. Integrated optimal dynamics control of 4WS4WD electric ground vehicles with tire-road frictional coefficient estimation[C]//2015 American Control Conference (ACC). New York: IEEE,2015: 5426 – 5431.

[38] SHAO L, JIN C, LEX C, et al. Robust road friction estimation during vehicle steering[J]. Vehicle System Dynamics,2019,57(4): 493 – 519.

[39] ZONG C, SONG P, HU D. Estimation of vehicle states and tire-road friction using parallel extended Kalman filtering[J]. Journal of Zhejiang University-Science A,2011,12(6): 446 – 452.

[40] ENISZ K, SZALAY I, KOHLRUSZ G, et al. Tyre – road friction coefficient estimation based on the discrete-time extended Kalman filter[J]. Proceedings of the Institution of Mechanical Engineers, Part D: Journal of Automobile Engineering,2015,229(9): 1158 – 1168.

[41] CHOI M, OH J J, CHOI S B. Linearized recursive least squares methods for real-time identification of tire – road friction coefficient[J]. IEEE Transactions on Vehicular Technology, 2013,62(7): 2906 – 2918.

[42] QI Z, TAHERI S, WANG B, et al. Estimation of the tyre – road maximum friction coefficient and slip slope based on a novel tyre model[J]. Vehicle System Dynamics,2015,53(4): 506 – 525.

[43] CHEN L, BIAN M, LUO Y, et al. Estimation of road-tire friction with unscented Kalman filter and MSE-weighted fusion based on a modified Dugoff tire model: 2015 – 01 – 1601[R]. Warrendale: SAE International,2015.

[44] PAUL D, VELENIS E, HUMBERT F, et al. Tyre – road friction μ-estimation based on braking force distribution[J]. Proceedings of the Institution of Mechanical Engineers, Part D: Journal of Automobile Engineering,2019,233(8): 2030 – 2047.

[45] CHEN W, TAN D, ZHAO L. Vehicle sideslip angle and road friction estimation using online gradient descent algorithm[J]. IEEE Transactions on Vehicular Technology,2018,67(12): 11475 – 11485.

[46] YOON J H, EBEN LI S, AHN C. Estimation of vehicle sideslip angle and tire-road friction

coefficient based on magnetometer with GPS [J]. International Journal of Automotive Technology,2016,17: 427 −435.

[47] ZHANG S, DENG W, ZHAO Q, et al. Dynamic trajectory planning for vehicle autonomous driving[C]//2013 IEEE International Conference on Systems, Man, and Cybernetics. New York: IEEE,2013: 4161 −4166.

[48] LAVALLE S. Rapidly-exploring random trees: a new tool for path planning[R]. [S. l. : s. n.],1998.

[49] KUWATA Y, TEO J, FIORE G, et al. Real-time motion planning with applications to autonomous urban driving[J]. IEEE Transactions on Control Systems Technology,2009,17 (5): 1105 −1118.

[50] KARAMAN S,FRAZZOLI E. Sampling-based algorithms for optimal motion planning[J]. The International Journal of Robotics Research,2011,30(7): 846 −894.

[51] LIKHACHEV M,FERGUSON D. Planning long dynamically feasible maneuvers for autonomous vehicles[J]. The International Journal of Robotics Research,2009,28(8): 933 −945.

[52] GU T,SNIDER J,DOLAN J M,et al. Focused trajectory planning for autonomous on-road driving [C]//2013 IEEE Intelligent Vehicles Symposium (IV). New York: IEEE,2013: 547 −552.

[53] XU W,WEI J,DOLAN J M,et al. A real-time motion planner with trajectory optimization for autonomous vehicles[C]//2012 IEEE International Conference on Robotics and Automation. New York: IEEE,2012: 2061 −2067.

[54] PAPADIMITRIOU I,TOMIZUKA M. Fast lane changing computations using polynomials[C]// Proceedings of the 2003 American Control Conference. New York: IEEE,2003,1: 48 −53.

[55] NELSON W. Continuous-curvature paths for autonomous vehicles [C]//Proceedings, 1989 International Conference on Robotics and Automation. New York: IEEE,1989: 1260 −1264.

[56] SAZGAR H,AZADI S,KAZEMI R. Trajectory planning and combined control design for critical high-speed lane change manoeuvres [J]. Proceedings of the Institution of Mechanical Engineers,Part D: Journal of Automobile Engineering,2020,234(2 −3): 823 −839.

[57] KELLY A,NAGY B. Reactive nonholonomic trajectory generation via parametric optimal control [J]. The International Journal of Robotics Research,2003,22(7 −8): 583 −601.

[58] KAHYA A H M A,SCHMIDT K W. Clothoid-based lane change trajectory computation for self-driving vehicles[J]. Cankaya University Journal of Science and Engineering,2017,14 (2): 152 −179.

[59] MA L,YANG J,ZHANG M. A two-level path planning method for on-road autonomous driving [C]//2012 Second International Conference on Intelligent System Design and Engineering Application. New York: IEEE,2012: 661 −664.

[60] KORZENIOWSKI D,ŚLASKI G. Method of planning a reference trajectory of a single lane change manoeuver with Bezier curve [C]//IOP Conference Series: Materials Science and Engineering. Bristol: IOP Publishing,2016,148(1): 012012.

[61] GUO L,GE P S,YUE M,et al. Lane changing trajectory planning and tracking controller design

for intelligent vehicle running on curved road[J]. Mathematical Problems in Engineering,2014
(1):478573.

[62] FENG J,RUAN J,LI Y. Study on intelligent vehicle lane change path planning and control simulation[C]//2006 IEEE International Conference on Information Acquisition. New York: IEEE,2006:683 − 688.

[63] SUN H,DENG W,ZHANG S,et al. Trajectory planning for vehicle autonomous driving with uncertainties[C]//Proceedings 2014 International Conference on Informative and Cybernetics for Computational Social Systems (ICCSS). New York: IEEE,2014:34 − 38.

[64] GÖTTE C,KELLER M,NATTERMANN T,et al. Spline-based motion planning for automated driving[J]. IFAC-PapersOnLine,2017,50(1):9114 − 9119.

[65] WU X,QIAO B,SU C. Trajectory planning with time-variant safety margin for autonomous vehicle lane change[J]. Applied Sciences,2020,10(5):1626.

[66] WEI C,WANG Y,ASAKURA Y,et al. A nonlinear programing model for collision-free lane-change trajectory planning based on vehicle-to-vehicle communication [J]. Journal of Transportation Safety & Security,2021,13(9):936 − 956.

[67] BAI H,SHEN J,WEI L,et al. Accelerated lane-changing trajectory planning of automated vehicles with vehicle-to-vehicle collaboration[J]. Journal of Advanced Transportation, 2017 (1):8132769.

[68] LUO Y,XIANG Y,CAO K,et al. A dynamic automated lane change maneuver based on vehicle-to-vehicle communication[J]. Transportation Research Part C: Emerging Technologies,2016, 62:87 − 102.

[69] CESARI G,SCHILDBACH G,CARVALHO A,et al. Scenario model predictive control for lane change assistance and autonomous driving on highways[J]. IEEE Intelligent Transportation Systems Magazine,2017,9(3):23 − 35.

[70] NILSSON J,BRÄNNSTRÖM M,COELINGH E,et al. Longitudinal and lateral control for automated lane change maneuvers[C]//2015 American Control Conference (ACC). New York: IEEE,2015:1399 − 1404.

[71] LI X,SUN Z,ZHU Q,et al. A unified approach to local trajectory planning and control for autonomous driving along a reference path[C]//2014 IEEE International Conference on Mechatronics and Automation. New York: IEEE,2014:1716 − 1721.

[72] MASHADI B,AHMADIZADEH P,MAJIDI M,et al. Integrated robust controller for vehicle path following[J]. Multibody System Dynamics,2015,33:207 − 228.

[73] AMER N H,ZAMZURI H,HUDHA K,et al. Modelling and trajectory following of an armoured vehicle[C]//2016 SICE International Symposium on Control Systems (ISCS). New York: IEEE,2016:1 − 6.

[74] SALEHPOUR S,POURASAD Y,TAHERI S H. Vehicle path tracking by integrated chassis control[J]. Journal of Central South University,2015,22:1378 − 1388.

[75] HU C,JING H,WANG R,et al. Robust H∞ output-feedback control for path following of

autonomous ground vehicles[J]. Mechanical Systems and Signal Processing,2016,70:414 –427.

[76] ELBANHAWI M,SIMIC M,JAZAR R. Receding horizon lateral vehicle control for pure pursuit path tracking[J]. Journal of Vibration and Control,2018,24(3):619 –642.

[77] KIM C,KIM M,LEE K,et al. Development of a full speed range path-following system for the autonomous vehicle [C]//2015 15th International Conference on Control, Automation and Systems (ICCAS). New York: IEEE,2015:710 –715.

[78] WILSON D G,ROBINETT I I I. Robust adaptive backstepping control for a nonholonomic mobile robot[C]//2001 IEEE International Conference on Systems,Man and Cybernetics. e-Systems and e-Man for Cybernetics in Cyberspace (Cat. No. 01CH37236). New York: IEEE, 2001,5: 3241 –3245.

[79] SETLUR P,WAGNER J R,DAWSON D M,et al. A trajectory tracking steer-by-wire control system for ground vehicles[J]. IEEE Transactions on Vehicular Technology,2006,55(1):76 – 85.

[80] HIRAOKA T,NISHIHARA O,KUMAMOTO H. Automatic path-tracking controller of a four-wheel steering vehicle[J]. Vehicle System Dynamics,2009,47(10):1205 –1227.

[81] EL HAJJAJI A,BENTALBA S. Fuzzy path tracking control for automatic steering of vehicles [J]. Robotics and Autonomous Systems,2003,43(4):203 –213.

[82] GU D,HU H. Neural predictive control for a car-like mobile robot [J]. Robotics and Autonomous Systems,2002,39(2):73 –86.

[83] KAPANIA N R,GERDES J C. Path tracking of highly dynamic autonomous vehicle trajectories via iterative learning control [C]//2015 American Control Conference (ACC). New York: IEEE,2015:2753 –2758.

[84] CHEEIN F A,SCAGLIA G. Trajectory tracking controller design for unmanned vehicles: a new methodology[J]. Journal of Field Robotics,2014,31(6):861 –887.

[85] LENAIN R, THUILOT B, CARIOU C, et al. Mixed kinematic and dynamic sideslip angle observer for accurate control of fast off – road mobile robots[J]. Journal of Field Robotics, 2010,27(2):181 –196.

[86] GAO Y,LIN T,BORRELLI F,et al. Predictive control of autonomous ground vehicles with obstacle avoidance on slippery roads[C]//2010 Dynamic Systems and Control Conference. New York: ASME,2010:265 –272.

[87] JALALMAAB M,PIRANI M,FIDAN B,et al. Cooperative road condition estimation for an adaptive model predictive collision avoidance control strategy [C]//2016 IEEE Intelligent Vehicles Symposium (Ⅳ). New York: IEEE,2016:1072 –1077.

[88] BAUER E,LOTZ F,PFROMM M,et al. Proreta 3: an integrated approach to collision avoidance and vehicle automation[J]. Automatisierungstechnik,2012,60(12):755 –765.

[89] JI J,KHAJEPOUR A,MELEK W W,et al. Path planning and tracking for vehicle collision avoidance based on model predictive control with multiconstraints[J]. IEEE Transactions on Vehicular Technology,2016,66(2):952 –964.

［90］SHIM T,ADIREDDY G,YUAN H. Autonomous vehicle collision avoidance system using path planning and model-predictive-control-based active front steering and wheel torque control［J］. Proceedings of the Institution of Mechanical Engineers,Part D: Journal of Automobile Engineering,2012,226(6):767 –778.

［91］YI B,GOTTSCHLING S,FERDINAND J,et al. Real time integrated vehicle dynamics control and trajectory planning with MPC for critical maneuvers［C］//2016 IEEE Intelligent Vehicles Symposium (Ⅳ). New York: IEEE,2016: 584 – 589.

［92］JALALMAAB M,PIRANI M,FIDAN B,et al. Cooperative estimation of road condition based on dynamic consensus and vehicular communication［J］. IEEE Transactions on Intelligent Vehicles,2018,4(1):90 –100.

［93］PACEJKA H B,BAKKER E. The magic formula tyre model［J］. Vehicle System Dynamics, 1992,21(S1):1 –18.

［94］WONG J Y. Theory of ground vehicles［M］. Hoboken: John Wiley & Sons,2022.

［95］ISO/TC 22/SC 33. Passenger Cars: test tracks for a severe lane-change manoeuvre: Part 1: double lane-change: ISO 3888 – 1: 2018［S］. Geneva: International Organization for Standardization,2018.

［96］SIMON D. Optimal state estimation: Kalman,H∞,and nonlinear approaches［M］. Hoboken: John Wiley & Sons,2006:409.

［97］BAFFET G,CHARARA A,LECHNER D,et al. Experimental evaluation of observers for tire – road forces,sideslip angle and wheel cornering stiffness［J］. Vehicle System Dynamics,2008,46 (6): 501 – 520.

［98］HAMANN H,HEDRICK J K,RHODE S,et al. Tire force estimation for a passenger vehicle with the unscented Kalman filter［C］//2014 IEEE Intelligent Vehicles Symposium Proceedings. New York: IEEE,2014: 814 – 819.

［99］WAN E A,VAN DER MERWE R. The unscented Kalman filter for nonlinear estimation［C］// Proceedings of the IEEE 2000 Adaptive Systems for Signal Processing,Communications,and Control Symposium (Cat. No. 00EX373). New York: IEEE,2000: 153 – 158.

［100］CHEN L,BIAN M,LUO Y,et al. Real-time identification of the tyre – road friction coefficient using an unscented Kalman filter and mean-square-error-weighted fusion［J］. Proceedings of the Institution of Mechanical Engineers,Part D: Journal of Automobile Engineering,2016,230 (6): 788 – 802.

［101］PACEJKA H. Tire and vehicle dynamics［M］. Oxford: Elsevier,2005.

［102］JALALMAAB M,PIRANI M,FIDAN B,et al. Cooperative estimation of road condition based on dynamic consensus and vehicular communication［J］. IEEE Transactions on Intelligent Vehicles,2018,4(1):90 –100.

［103］DE CASTRO R,ARAÚJO R E,FREITAS D. Real-time estimation of tyre – road friction peak with optimal linear parameterisation［J］. IET Control Theory & Applications,2012,6(14): 2257 –2268.

［104］KHALEGHIAN S,EMAMI A,TAHERI S. A technical survey on tire-road friction estimation

［J］. Friction,2017,5: 123 – 146.

［105］ LI L,WANG F Y,ZHOU Q. Integrated longitudinal and lateral tire/road friction modeling and monitoring for vehicle motion control［J］. IEEE Transactions on Intelligent Transportation Systems,2006,7(1): 1 – 19.

［106］ GUSTAFSSON F. Slip-based tire-road friction estimation［J］. Automatica, 1997, 33 (6): 1087 – 1099.

［107］ CABRERA J A,CASTILLO J J,PÉREZ J,et al. A procedure for determining tire-road friction characteristics using a modification of the magic formula based on experimental results［J］. Sensors,2018,18(3): 896.

［108］ ORTIZ A,CABRERA J A,GUERRA A J,et al. An easy procedure to determine Magic Formula parameters: a comparative study between the starting value optimization technique and the IMMa optimization algorithm［J］. Vehicle System Dynamics,2006,44(9): 689 – 718.

［109］ WANG R,WANG J. Fault diagnosis method utilizing actuator redundancy and identicalness with applications to electric vehicles［C］//2012 Dynamic Systems and Control Conference. New York: ASME,2012: 111 – 118.

［110］ REZAEIAN A,ZARRINGHALAM R,FALLAH S,et al. Novel tire force estimation strategy for real-time implementation on vehicle applications ［ J ］. IEEE Transactions on Vehicular Technology,2014,64(6): 2231 – 2241.

［111］ HAYKIN S. Kalman filtering and neural networks［M］. Hoboken: John Wiley & Sons,2004.

［112］ PADEN B,ČÁP M,YONG S Z,et al. A survey of motion planning and control techniques for self-driving urban vehicles［J］. IEEE Transactions on Intelligent Vehicles,2016,1(1): 33 – 55.

［113］ LI B,ACARMAN T,ZHANG Y,et al. Tractor-trailer vehicle trajectory planning in narrow environments with a progressively constrained optimal control approach［J］. IEEE Transactions on Intelligent Vehicles,2019,5(3): 414 – 425.

［114］ YOU F,ZHANG R,LIE G,et al. Trajectory planning and tracking control for autonomous lane change maneuver based on the cooperative vehicle infrastructure system［J］. Expert Systems with Applications,2015,42(14): 5932 – 5946.

［115］ LI B,ZHANG Y,FENG Y,et al. Balancing computation speed and quality: a decentralized motion planning method for cooperative lane changes of connected and automated vehicles［J］. IEEE Transactions on Intelligent Vehicles,2018,3(3): 340 – 350.

［116］ CHEN Y,HU C,WANG J. Motion planning with velocity prediction and composite nonlinear feedback tracking control for lane-change strategy of autonomous vehicles ［ J ］. IEEE Transactions on Intelligent Vehicles,2019,5(1): 63 – 74.

［117］ HU J,RAKHEJA S,ZHANG Y. Real-time estimation of tire – road friction coefficient based on lateral vehicle dynamics［J］. Proceedings of the Institution of Mechanical Engineers,Part D: Journal of Automobile Engineering,2020,234(10 – 11): 2444 – 2457.

［118］ HU J,ZHANG Y,RAKHEJA S. Path planning and tracking for autonomous vehicle collision

P
A
G
E

avoidance with consideration of tire-road friction coefficient[J]. IFAC-PapersOnLine,2020,53 (2):15524 - 15529.

[119] BAE I,MOON J,SEO J. Toward a comfortable driving experience for a self-driving shuttle bus [J]. Electronics,2019,8(9):943.

[120] BAE I, MOON J, JHUNG J, et al. Self-driving like a human driver instead of a robocar: personalized comfortable driving experience for autonomous vehicles [J]. arXiv, 2020: 2001.03908.

[121] GENG G, WU Z, JIANG H, et al. Study on path planning method for imitating the lane-changing operation of excellent drivers[J]. Applied Sciences,2018,8(5):814.

[122] HU J,RAKHEJA S,ZHANG Y. Tire-road friction coefficient estimation under constant vehicle speed control[J]. IFAC-PapersOnLine,2019,52(8):136 - 141.

[123] HU J, RAKHEJA S,ZHANG Y. Tire - road friction coefficient estimation based on designed braking pressure pulse[J]. Proceedings of the Institution of Mechanical Engineers, Part D: Journal of Automobile Engineering,2021,235(7):1876 - 1891.

[124] PEK C,ZAHN P,ALTHOFF M. Verifying the safety of lane change maneuvers of self-driving vehicles based on formalized traffic rules[C]//2017 IEEE Intelligent Vehicles Symposium (IV). New York: IEEE,2017: 1477 - 1483.

[125] MARTIN D, LITWHILER D. An investigation of acceleration and jerk profiles of public transportation vehicles [C]//2008 Annual Conference & Exposition. Washington, D. C.: American Society for Engineering Education,2008: 13.194.1 - 13.194.13.

[126] CHEE W, TOMIZUKA M, PATWARDHAN S, et al. Experimental study of lane change maneuver for AHS applications (002) 19951031[C]//Proceedings of 1995 American Control Conference-ACC95. New York: IEEE,1995,1: 139 - 143.

[127] KILINC A S, BAYBURA T. Determination of minimum horizontal curve radius used in the design of transportation structures,depending on the limit value of comfort criterion lateral jerk [C]//FIG Working Week 2012. Copenhagen: International Federation of Surveyors,2012.

[128] BOSETTI P,DA LIO M,SAROLDI A. On the human control of vehicles: an experimental study of acceleration[J]. European Transport Research Review,2014,6: 157 - 170.

[129] GRAAF B D,VAN WEPEREN W. The retention of blance: an exploratory study into the limits of acceleration the human body can withstand without losing equilibrium[J]. Human Factors, 1997,39(1):111 - 118.

[130] XU J,YANG K,SHAO Y M,et al. An experimental study on lateral acceleration of cars in different environments in Sichuan, Southwest China[J]. Discrete Dynamics in nature and Society,2015(1):494130.

[131] WANG Z Y, LI C B, XU J. Analysis on usage comfort of highway based on lateral acceleration and lateral acceleration change rate[J]. Applied Mechanics and Materials, 2013,427: 320 - 324.

[132] SVENSSON L, ERIKSSON J. Tuning for ride quality in autonomous vehicle: application to

linear quadratic path planning algorithm[D]. Uppsala: Uppsala University,2015.

[133] LYGEROS J,GODBOLE D N. An interface between continuous and discrete-event controllers for vehicle automation[J]. IEEE transactions on Vehicular Technology,1997,46(1):229 – 241.

[134] SHAMIR T. Overtaking a slower-moving vehicle by an autonomous vehicle[C]//Proceedings of EIS 2004. [S. l. : s. n.],2004.

[135] HOBEROCK L L. A survey of longitudinal acceleration comfort studies in ground transportation vehicles[R]. Washington,D. C. : Department of Transportation,1977.

[136] YANG D,ZHU L,YANG F,et al. Modeling and analysis of lateral driver behavior in lane-changing execution[J]. Transportation Research Record,2015,2490(1):127 – 137.

[137] TOLEDO T, ZOHAR D. Modeling duration of lane changes[J]. Transportation Research Record,2007,1999(1):71 – 78.

[138] DING Y, ZHUANG W, QIAN Y, et al. Trajectory planning for automated lane-change on a curved road for collision avoidance: 2019 – 01 – 0673[R]. Warrendale: SAE International,2019.

[139] WANG J,ZHANG G,WANG R,et al. A gain-scheduling driver assistance trajectory-following algorithm considering different driver steering characteristics [J]. IEEE Transactions on Intelligent Transportation Systems,2016,18(5):1097 – 1108.

[140] LI X,SUN Z,CAO D,et al. Development of a new integrated local trajectory planning and tracking control framework for autonomous ground vehicles[J]. Mechanical Systems and Signal Processing,2017,87:118 – 137.

[141] RAJAMANI R. Vehicle dynamics and control[M]. New York: Springer,2011.

[142] WU X,JIN P,ZOU T,et al. Backstepping trajectory tracking based on fuzzy sliding mode control for differential mobile robots[J]. Journal of Intelligent & Robotic Systems,2019,96: 109 – 121.

[143] MIRZAEINEJAD H. Optimization-based nonlinear control laws with increased robustness for trajectory tracking of non-holonomic wheeled mobile robots[J]. Transportation Research Part C: Emerging Technologies,2019,101: 1 – 17.

[144] SOLEA R,CERNEGA D. Super twisting sliding mode controller applied to a nonholonomic mobile robot [C]//2015 19th International Conference on System Theory, Control and Computing (ICSTCC). New York: IEEE,2015: 87 – 92.

[145] CIBOOGLU M,KARAPINAR U,SÖYLEMEZ M T. Hybrid controller approach for an autonomous ground vehicle path tracking problem[C]//2017 25th Mediterranean Conference on Control and Automation (MED). New York: IEEE,2017: 583 – 588.

[146] CHEN L,CHEN Y,YAO X,et al. An adaptive path tracking controller based on reinforcement learning with urban driving application [C]//2019 IEEE Intelligent Vehicles Symposium (IV). New York: IEEE,2019: 2411 – 2416.

[147] HOFFMANN G M,TOMLIN C J,MONTEMERLO M,et al. Autonomous automobile trajectory tracking for off-road driving: Controller design,experimental validation and racing[C]//2007

American Control Conference. New York: IEEE,2007: 2296 – 2301.

[148] AMER N H,ZAMZURI H,HUDHA K,et al. Modelling and control strategies in path tracking control for autonomous ground vehicles: a review of state of the art and challenges[J]. Journal of Intelligent & Robotic Systems,2017,86: 225 – 254.

[149] MAJD K,RAZEGHI-JAHROMI M,HOMAIFAR A. A stable analytical solution method for car-like robot trajectory tracking and optimization[J]. IEEE/CAA Journal of Automatica Sinica,2019,7(1): 39 – 47.

[150] WANG D,WEI W,YEBOAH Y,et al. A robust model predictive control strategy for trajectory tracking of omni-directional mobile robots[J]. Journal of Intelligent & Robotic Systems,2020,98: 439 – 453.

[151] GAN W,ZHU D,HU Z,et al. Model predictive adaptive constraint tracking control for underwater vehicles[J]. IEEE Transactions on Industrial Electronics,2019,67(9): 7829 – 7840.

[152] SHEN C,SHI Y,BUCKHAM B. Trajectory tracking control of an autonomous underwater vehicle using Lyapunov-based model predictive control[J]. IEEE Transactions on Industrial Electronics,2017,65(7): 5796 – 5805.

[153] YANG C,HUANG D,HE W,et al. Neural control of robot manipulators with trajectory tracking constraints and input saturation[J]. IEEE Transactions on Neural Networks and Learning Systems,2020,32(9): 4231 – 4242.

[154] YANG C,JIANG Y,LI Z,et al. Neural control of bimanual robots with guaranteed global stability and motion precision[J]. IEEE Transactions on Industrial Informatics,2016,13(3): 1162 – 1171.

[155] FANG H,FAN R,THUILOT B,et al. Trajectory tracking control of farm vehicles in presence of sliding[J]. Robotics and Autonomous Systems,2006,54(10): 828 – 839.

[156] BAYAR G,BERGERMAN M,KOKU A B,et al. Localization and control of an autonomous orchard vehicle[J]. Computers and Electronics in Agriculture,2015,115: 118 – 128.

[157] WANG X,ZHANG G,NERI F,et al. Design and implementation of membrane controllers for trajectory tracking of nonholonomic wheeled mobile robots[J]. Integrated Computer-Aided Engineering,2016,23(1): 15 – 30.

[158] KANAYAMA Y,KIMURA Y,MIYAZAKI F,et al. A stable tracking control method for an autonomous mobile robot[C]//Proceedings., IEEE International Conference on Robotics and Automation. New York: IEEE,1990: 384 – 389.